できる翻訳者になるために
プロフェッショナル4人が本気で教える
翻訳のレッスン

高橋 さきの　深井 裕美子　井口 耕二　高橋 聡
Sakino Takahashi, Yumiko Fukai, Koji Inokuchi, Akira Takahashi

講談社
Kodansha Power English

はじめに：翻訳者を目指す人へ　　　　井口耕二

「我々は先輩たちからいろんなことを学んだよね」
「自分たちで考えたこともたくさんあるね」
「順送りで次の世代に伝えることもそろそろ考えるべきなんじゃないの？」

　そんな話からいろいろなことをトライしているうちに生まれたのが本書です。

　書いているのは、翻訳フォーラムのメンバー4人。翻訳フォーラムというのはプロを中心に翻訳者がオンラインで情報交換をしているサイトのことです（http://www.maruo.co.jp/honyaku/）。その前身はインターネットがまだなかった時代にパソコン通信として一世を風靡した@niftyのフォーラムで、発足は30年近くも前の1989年となります。

　「レッスン1：そもそも、翻訳ってなに？」を読むとわかりますが、本書を執筆している4人の仕事は、「翻訳」であること以外、ほとんど共通点がありません。翻訳業界の常識から言えば、この4人が集まっても共通の話題はほとんどないはずなのです。それが、寄ると触ると侃々諤々、いつまでも議論が続きます。文字どおり、朝から晩まででも。そうなるのは、それができるのは、いろいろな分野に共通する翻訳そのものについて議論しているからでしょう。

　その4人がまずこれだけはと思ってまとめたわけですから、本書は分野を問わず、あらゆる翻訳者にとって役立つものになったはずだと、著者一同、自負しています。

翻訳業界について

　読者のなかには翻訳業界についてよく知らない方もおられるかもしれません。そういう方のために、まずは、翻訳業界の全体を簡単にまとめておきましょう。そのあたりは先刻ご承知だよという方は、この項目を読み飛ばしてもかまいません。

　ひとくちに翻訳といってもあれこれあります。出版、実務、エンターテインメントなどなど。出版というのは本です。世間一般に翻訳と聞いて最初に浮かぶのがこれでしょう。出版は、さらに、いわゆる文芸とノンフィクションに分かれます。実務というのは企業活動に伴って生まれる翻訳の仕事です。パンフレットやマニュアル、プレスリリース、論文、ブログ記事など多岐にわたります。ソフトウェアアプリケーションそのものを日本語化するローカライズと言われるものもここに入ります。分野的には、電気電子、コンピューターなどの工学分野から、医薬分野、さらには、経済、金融などのビジネス分野、契約書などの法律分野、特許分野とこちらも多岐にわたります。エンターテインメントはゲームや映画、テレビ番組、戯曲など。映画、テレビ番組などは映像翻訳という言い方でくくられることもあります。

　こうして並べるとよくわかりますが、きれいに整理されているわけではありません。複数の分類軸がごっちゃになっていて、ひとつの仕事が複数の分野に当てはまることも少なくありません。

　仕事のやり方は、フリーランスが基本です。仕事を請け負うのは、出版であれば出版社あるいは仲介の翻訳会社から、実務であれば翻訳会社あるいは直接企業から、エンターテインメントであれば番組の制作会社やゲーム会社、出版社などから、あるいは、仲介する翻訳会社からとなります。いずれにせよ、仕事の内容とスケジュール、

料金などの条件について発注元と合意ができれば受注し、仕事をして納品、お金をもらうという流れになります。短めの文章を訳して翻訳者の実力を確認するトライアルというものが最初にあることもあります。

翻訳業界の動向

最近の翻訳業界は、残念ながら明るい話があまりありません。単価は下がり続けているようですし、仕事量も高単価のものを中心に減り気味のようです。納期が短くてやっつけ仕事になりがちなど、モチベーションを保ちにくいという話も聞こえてきたりします。

一番の要因は景気の低迷でしょう。本書を書いている2016年現在、景気は回復傾向にあると言っている人もいるので、みなさんが本書を読まれているときには状況が改善していればいいのですが。

もうひとつの要因は海外との競争です。最近は日本語関連の翻訳にも中国やインドの会社が参入し、安値を武器に仕事を取るケースがあります。そしてそうなれば、当然、値引きで対抗しようとする日本の翻訳会社も出てきます。その結果、翻訳者に対する単価も引き下げられるわけです。

納期の短縮はいろいろな意味で問題があります。まず、じっくり考える時間がなくなったり、ひとつの文書が複数の翻訳者に分割されて全体像が見えなくなったりしてやっつけ仕事になりがちです。さらに、じっくり考える時間がないということは仕事を通じていろいろ考え、力を伸ばしていくのが難しいということにもなります。

新しい仕事も登場しています。ひとつは機械翻訳のポストエディット。コストダウンを図るために機械翻訳を採用し、その出力を手直しする仕事です。もうひとつは質の悪い翻訳のリライト。コ

ストダウンした結果、悲惨な翻訳となってしまったものがリライトに回されているのでしょう。いずれも翻訳者に振られることが多いのですが、翻訳とは大きく異なる別種の仕事なので注意が必要です。

対応の基本方針

　なんだか暗い話ばかりになってしまいましたが……気を取り直して、このような状況に翻訳者はどう対処すべきなのかを考えてみましょう。

　ちまたにはさまざまな意見があります――対立するものや両立できないものも含めて。たとえば単価下落については、低単価を前提にツールでスピードアップを図るべきだという意見もあれば、価格の低下に抵抗すべきだ、品質を上げて高単価を狙うべきだなどの意見もあります。新しい仕事についても、積極的に取り組むべきという意見もあれば、翻訳者にとってコアな部分に集中すべきという意見もあります。

　私は、業界の状況を視野に入れつつ、自分が10年後や20年後、あるいは30年後にどういう翻訳者になりたいのかを考えて行動すべきだと思います。自分はどういう仕事がしたいのか、そもそも、なにがしたくて翻訳を仕事に選んだのか――その目標を見据えて進むべきだと思うのです。いま、選ぼうとしている選択肢は自分が目標としているところにつながっているのか、それともつながっていないのか――そういう視点を忘れ、情報に流されることがないように注意しましょう。

　たとえば、日本翻訳連盟（JTF。翻訳会社と翻訳者の業界団体で私も理事として関わっている）の2015年翻訳祭は機械翻訳を大きく取り上げており、「これからは機械翻訳を使いこなせる翻訳者が

求められる」などの言葉も飛び出していました。これを聞いて「そっかー、じゃあ機械翻訳を導入しよう」となるのではなく、それが自分のやりたい仕事なのか、将来的になりたいと思う自分になれる仕事なのかをしっかり考えて、やる・やらないを決めるべきだと思うのです。

　環境が予想外の方向に変化した場合のことも考えておく必要があります。翻訳関係の雑誌では、昔から「仕事が多い（あるいは単価が高い）のはこの分野」「こういう翻訳者が求められている」といった特集記事が繰り返されています。その時点で正しいことが書かれているはずですが、それが10年後、20年後、30年後まで正しいとはかぎりません。ほかに転身できる力を身につけておかないと、状況が大きく変化したとき路頭に迷うおそれもあります。

 翻訳者として歩む道

　翻訳というのは、学歴、経歴、年齢、経験など一切関係なし、仕上げた成果物だけが勝負の世界です。トライアルは10社に1社も通ればいいほうだ、トライアルに通っても初仕事まで1年以上放置されることも珍しくない……そういう現実がある一方で、トライアルはすべて通る、トライアルから初仕事まで1週間もあくことはないという人もいます。翻訳者によってそのくらい実力は違うし、実力の違いはそのくらい物を言うものなのです。

　そういう世界で生きてゆくためには、自分の強みは伸ばし、弱みとなる穴は埋めたり避けたりする必要があります。つまり、なにをどうすべきなのかは一人ひとり、大きく異なります。自分が進む道は自分でよく考えなければなりません。

　たとえば、実力がそれなりにあるのに「自分なんてまだ……」と

トライアルを受けようとせずに勉強ばかりしている人もいますし、逆に、トライアルに落ちてばかりで実力不足なのが明らかなのにじっくり勉強せず、トライアルばかり受けようとする人もいます。自分がどういうステージにいるのか、自分にとって不足しているのは何なのかを冷静に見極め、一つひとつ対処していく必要があります。

　ツールについてもそうです。ツールは便利ですが、便利であればあるほど使い方を誤ると大変なことになります。「翻訳」そのものの力がまだ不十分なのに導入すると、ツールを使っているつもりでツールに使われてしまうことになりかねません。ローカライズの世界に広く普及している翻訳メモリーでも使い方によっては実力向上に悪影響が出る可能性が否定できませんし、まして、おかしな出力文を読まなければならない機械翻訳をツールとして使うというのは、翻訳者として自殺行為になりかねません。

　今後は「機械翻訳のポストエディット」という仕事が増えると言われていますが、ここから業界に入って将来的に「翻訳」へ移ろうと考えるのは危険でしょう。目標とすることも、そのために考えることも、機械翻訳のポストエディットと翻訳とでは大きく異なるからです。別種の仕事だと考えてやる・やらないを決めるべきです。

　もちろん、機械翻訳であれなんであれ、自分はこの道でゆくと選ぶのであればそれはそれです。将来が不透明であるのは、翻訳の道を究めようとしても機械翻訳などの新しい領域を進むのも同じなわけですから。

　自分の道は自分で選べと言われても、選びまちがったらどうしようと心配になるかもしれませんね。そういう人には、まず、「選ばないというのは、流される道を選ぶに等しい」ことを指摘しておきたいと思います。もうひとつ、万が一、進む道を選びまちがったとして、自分で選んだ道であれば納得できても、流されて選んだ道が行き止まりだったら悔やんでも悔やみきれないんじゃないですか、

とも申し上げておきましょう。流されていると手遅れになるまで状況の変化に気づかないけれど、考えて道を選んでいれば、変化に合わせて早めに方向転換するのも可能なはずということもあります。

基本を大切に

どういう道を選ぶにせよ、必要になるものがあります。「翻訳の力」です。翻訳を仕事にしていきたければ、翻訳の力がなければ始まりません。改めて言うまでもないことですね。

翻訳の力が十分にあったうえでならば、特定分野の約束事に精通している、特定のツールに習熟している、セルフブランディングが上手、営業力があるといった特長が生きてきます。ブランディングなどは「鬼に金棒」の「金棒」なのです。鬼（実力）だけでもかなりのところまでは行けますが、その先まで行きたければ金棒もあったほうがいいし、金棒なしではよほどの幸運にでも恵まれなければ最高の条件を勝ち取るのは難しいと言えるでしょう。でも、逆に言えば、営業力などは金棒にすぎません。鬼は金棒なしでも脅威になりますが、ネズミが金棒を持っても意味がありません。

翻訳の力をつけるといっても、特別なことはなにもありません。翻訳の基本動作（下記）をひとつずつ、精度よくできるようにするだけです。

①原文に書かれていることをきちんと読み取る

原文を読むときに落としてしまったものは失われます。当たり前ですね。原文を読むとき落っことしたものが訳文に入っていたら……それはそれで大問題です。おそらく、もともと原文にないものも大量に混入しているはずですから。まず、原文に書かれている内

容をきちんと読み取ることがすべての基本になります。

②原文と訳文で同じ情報を受け取れるようにする

　翻訳ですから、原文に対して過不足のない訳文を作る必要があります。単語単位で対応を取るという話ではなく、全体として伝わる情報が等しくなるようにするということです。

③訳文の完成度を高める

　読者は訳文だけを読むのが基本です。原文に引きずられた不自然な訳文ではなく、訳文側言語として自然なものに仕上げなければなりません。

　注意をひとつ。③で訳文の完成度を高めようとした結果、原文と内容的にずれてしまうことがあります。訳文をいじるときには、原文を改めて読んで内容を確認するとともに、原文と訳文の対応も確認する必要があります。

　具体的にどうするのかは本文を参照していただくとして、基本的な姿勢についてもう少しお話ししておきたいことがあります。

　言語の感覚も常識と思っている知識も、人それぞれで意外なほど異なります。自分の常識は世間の非常識かもしれないのです。でも、原文を読むとき、訳文を組み立てるとき、よって立つのは自分の感覚しかありません。ですから、「**原文を読むときは自分の感覚を信じて読む。同時に、自分の感覚を疑って調べる。訳文を書くときは自分の感覚を信じて書く。同時に、自分の感覚を疑って調べる**」──これしか道はありません。なにをどう調べればいいのか、具体的な話は「レッスン２：翻訳は『準備７割』！」や「レッスン３：辞書を使いこなす」、さらには「レッスン４：訳文づくりと日本語の『読み・書き』」などに繰り返し出てきます。そちらを参考にしてください。

本書の使い方

　本書では、翻訳の力をつけていくベースとなる部分を取り上げます。「〜分野の翻訳」ではなく、翻訳そのものの基礎となる部分です。実例は英日翻訳が中心ですが、それは単に、日英翻訳や他言語の翻訳にも共通する考え方を示すために英日翻訳を例としているにすぎません。主題は翻訳の土台となる基礎です。この土台がしっかりしていなければ、各分野に特化したスキルもぐらついてしまいます。まずはしっかりした土台を作りましょう。

　ただし、翻訳の基礎部分だから簡単だという話にはなりません。歯ごたえのある話もたくさん出てきます。特に「レッスン４：訳文づくりと日本語の『読み・書き』」は難しいところがあるかもしれません。ですから、一読してよくわからないところがあっても気にしないでください。とりあえず全体を通して読んで、すぐにできることは取り入れましょう。「レッスン２：翻訳は『準備７割』！」については、やることのチェックリストを用意して、仕事の前に確認するなど工夫してみるのもいいかもしれません。

　翻訳のスキル自体は、こういう本を読んでそっかーと思っただけでは身につきません。ですから、１点か２点か、せいぜい３点くらいを選んで練習しましょう。ポイントを絞り、１ヵ月から３ヵ月くらい集中的に練習するのです。具体的には、選んだポイントを必ずチェックしつつ、仕事や課題をやるわけです。

　意識しなくても押さえられるようになったら、そのポイントは身についたと言えるでしょう。そうしたら、また本書を開いて、次のポイントをいくつか選びましょう。

　そうやっていろいろと身につけているうちに、きっと、最初に読んだときにはよくわからなかったこともわかるようになっているはずです。

【コラム】信じろ疑え×××

「原文を読むときは自分の感覚を信じて読む。同時に、自分の感覚を疑って調べる。訳文を書くときは自分の感覚を信じて書く。同時に、自分の感覚を疑って調べる」——これは調べ物にも共通する原理です。出版物やウェブサイトなどの資料や辞書、用語集も、すべて、信じると同時にきちんと疑って使う必要があります。

たとえば辞書。

きちんと手をかけて作られ、時代の試練に耐えてきたものは、「定番辞書」などと呼ばれ、高い信頼性を誇ります。代表例は、研究社であれば『新英和大辞典』『新和英大辞典』『新編英和活用大辞典』など。人間が作ったものでまちがいがないとは言えませんが、このあたりは「信じる」が基本になります。ただし、信頼性が重視されている分、定着していない新語などは収録されていなかったりします。手間がかかっている分、高価であるのもつらいところですが、手元にそろえて引き倒すべきです。なお、英英は、定番ものもちょっと古い版がウェブに公開されていたりします。

異色の定番辞書としては、『ビジネス技術実用英語大辞典』、通称「うんのさんの辞書」があります。翻訳者である海野さんご夫妻がご自身の名前で出されているだけあって、翻訳者に役立つ用例と訳例が丁寧に集められており、丹念に読んでいくと、いい訳語、いい訳し方のヒントがみつかります。

最近は、ウェブを中心に発展してきた辞書もあります。有名なのはアルクが公開している英辞郎でしょう。語数が多く、新語などの新しい表現も収録されている傾向にありますが、信頼性は高くないし語釈などの基本も弱いので、定番辞書で解決できない場合にヒントを求めて引く、書かれていることをうのみにせず裏を取るなど、使い方を工夫しなければなりません。

ウェブ上には、対訳形式の「用語集」もたくさん公開されています。こちらも、その分野を専門とする組織が出しているものはそれなりに信頼できますが、翻訳会社が作っているものなどは玉石混交だったりするので注意が必要です。

目次

はじめに：翻訳者を目指す人へ──井口耕二……………………… 3
　翻訳業界について　4
　翻訳業界の動向　5
　対応の基本方針　6
　翻訳者として歩む道　7
　基本を大切に　9
　本書の使い方　11

レッスン1：そもそも、翻訳って何？
　　　　　──高橋さきの×高橋聡×深井裕美子×井口耕二…… 19
　まずは自己紹介から　20
　翻訳って何？　25
　翻訳はどこまで手を加えればいいのか？　28
　顧客のニーズに応えるには　29
　書き手の理屈を理解して訳語を選ぶ　31
　段落の切れ目について　33
　ワンパスで訳文を出してはダメ　34
　辞書の大事さ　36
　翻訳しているとき、頭の中は……　38
　翻訳の3ステップ　39
　"ヤンキー"な人が出てきたら、どう訳すか？　41
　「普通の訳文」って？　43
　説明できることの重要性　45
　脳内シソーラスを作るためには　46
　ずれを調整すること　49

レッスン2：翻訳は「準備7割」！──深井裕美子…………… 55
　量とスピードを把握する　56

所要時間の見当をつける　58
　　誰が、何のために、誰に向けて、どうやって使う文章か　62
　　　時間を見積もる　63
　　　読者対象を設定する　65
　　　著者を知る　66
　　　既訳を調べる　68
　　　年代と地域　69
　　　あらすじと登場人物　71
　　情報ソースの優先順位　74
　　世の中の「普通」（スタンダード）　75
　　既訳から学ぶ　76
　　図書館のすすめ　80
　　　整理された情報　80
　　　一次情報に当たることができる　81
　　　司書さんに相談できる　81
　　　他施設の資料が借りられる　83
　　準備7割　84
【コラム】
　　受発注における分量のカウント方法　60
　　読むトレーニング　86

レッスン3：辞書を使いこなす──高橋聡…………………　87
　1. はじめに　88
　　翻訳者にとっての辞書　88
　　　本書で取り上げる辞書一覧　89
　　翻訳者として辞書を引くという意識　90
　　読むときの辞書、考えるときの辞書、書くときの辞書　93
　2. 翻訳者にとって理想的な辞書環境　94
　　いろいろな辞書の形態　95

a）EPWING 規格辞書　　95
　　b）LogoVista 辞書　　96
　　c）独自形式の CD/DVD-ROM 辞書　　97
　　d）電子辞書端末　　97
　　e）オンライン辞書　　98
　　f）アプリ辞書　　100
　　g）紙の辞書　　100
　辞書ブラウザ　　101
　　a）Logophile　　104
　　b）EBWin4　　105
　　c）DDWin　　105
　　d）LogoVista ブラウザ　　105
3. 辞書を引くための基本知識　　106
　序文と凡例　　106
　英文法　　108
　日本語文法　　109
4. 辞書の特徴　　112
　英和・和英辞典（一般）　　112
　　a）『ランダムハウス英和大辞典』第 2 版と *Random House Webster's Unabridged Dictionary*　　112
　　b）『新英和大辞典』第 6 版と『新和英大辞典』第 5 版　　115
　　c）リーダーズ・ファミリー　　116
　英和・和英辞典（学習）　　117
　　a）『ジーニアス英和辞典』第 4 版、第 5 版　　117
　　b）『ウィズダム英和辞典』第 3 版、『オーレックス英和辞典』　　118
　英英辞典（一般）　　119
　　a）*Oxford English Dictionary 2nd Edition*　　119
　　b）*American Heritage Dictionary 5th Edition*　　119
　英英辞典（学習）　　120
　　a）*Oxford Advanced Learner's Dictionary*　　120

b）*Longman Dictionary of Contemporary English*　121
　　c）*Collins COBUILD Dictionary Advanced Learner's English Dictionary*　122
　　d）*Macmillan English Dictionary*　123
　WordNet　124
　類語辞典（シソーラス）　126
5. 最後に　130
【コラム】
　辞書引きの自動化　95

レッスン 4：訳文づくりと日本語の「読み・書き」
　　　　　　　　　　　　　　──高橋さきの……　133

1. はじめに　134
2. 翻訳のエコノミー　137
　原文言語と訳文言語の間に垣根をつくらない　137
　そうはいっても、母語での整理が大事　139
3. 文章の基本は同じ　142
　伝えたいことがあるから書かれるのが文章　142
　文章の基本としての起承転結　142
　書き手と読み手と訳し手と　144
　徹底して「読み手」の側に立ってみる　146
　「きれつづき」とリズム　148
　「原文に引っ張られる」という現象　149
　語順という厄介な問題　151
　語順問題を逆から見ると　151
　語順問題と能動語彙　152
　リライト問題　156
4. 人工物としての訳文　157
　訳文未満の勝手訳　157

訳文ならではのダメダメ文　158
　　ダメダメ１：　ブチブチ訳と「きれつづき」　159
　　ダメダメ２：　キョロキョロ訳と「目や耳」　160
　　ダメダメ３：　ウラギリ訳と構文原則　163
　　ダメダメ４：　モヤモヤ訳とテンス・アスペクト　165
　　ダメダメ５：　ノッペラボウ訳と語彙・表現問題　169
　　人工物としての訳文と母語崩壊　172
　　課題（p.148）の参考解答例　173
【コラム】
　翻訳の木　138
　品詞や修飾関係の変換という整理も可能　155

レッスン５：翻訳者のお悩み相談室
　　　　　── ４人でお答えします ………………………… **177**
　[Q 1]　どうしたら翻訳が上手になれますか？　178
　[Q 2]　日本語力をつけるには、どうしたらいいですか？　179
　[Q 3]　全部読んでから訳しますか、それともかたまりごとに読んでから訳しますか？　180
　[Q 4]　原文が長い場合、訳文は切って訳してもいいのですか？　181
　[Q 5]　「同じ情報を同じタイミングで」「足さない引かない動かさない」と言いますが、どの程度まで順番は変えていいものですか？パラグラフの中では？センテンスの中では？　182
　[Q 6]　訳語Ａと訳語Ｂで迷ったら、どうやって選べばいいのでしょうか。　183
　[Q 7]　どこまで調べてから訳し始めるものなのでしょうか。調べ物がきりがないんですが、どこでやめればいいですか？　184
　[Q 8]　訳文は最初にざっくり作るのか、それとも完成形に近いものを作るべきなのでしょうか。　185
　[Q 9]　翻訳支援ツールは使ったほうがいいのですか？　186

[Q 10] 翻訳の仕事をするなら翻訳メモリーが必須と聞きました。いろいろあるようですが、どれを買えばいいのでしょうか。　187

[Q 11] 未経験者可とのことなので機械翻訳のポストエディターから仕事を始めようと思うのですが、いかがでしょうか。　188

[Q 12] 機械翻訳の進歩は、翻訳者にとって脅威なのでしょうか。　189

[Q 13] 専門分野ってどうやって決めたらいいですか？　190

レッスン６：翻訳フォーラム「バトルトーク」紙上再現
　──高橋さきの×井口耕二……………………………　191

あとがき──深井裕美子……………………………………　222

レッスン1

そもそも、翻訳って何？

高橋 さきの × 高橋 聡 × 深井 裕美子 × 井口 耕二

　ひとくちに「翻訳」と言っても、どのような内容のことを指すのでしょうか。長年にわたって言葉と格闘してきた4人が、思いのたけを語ります。

まずは自己紹介から

――まずは、メインで翻訳していらっしゃる分野と、楽しんで翻訳されているジャンルについて聞かせください。

高橋さきの(以下、高橋(さ))：　高橋さきのです。翻訳の中でのジャンルは2つあって、1つは1984年からやっている特許の翻訳です。最初は特許事務所に勤めていて、明細書を書きながら、翻訳も行っていました。翻訳は最初からやらせてもらっていて、英和をやっていました。和英もやるようになったのは3年くらいたってからです。

特許といってもジャンルはいろいろあって、技術分野によってすみわけがされています。私の場合はカバーする範囲が割合広く、電気の仕事と、数式てんこもりの仕事と、コンピュータ関係の仕事以外はなんでもやります。看板としては材料系（マテリアル系）の分野をあげていますし、農学部出身ですので、お薬や生化学系の仕事もしますが、特許というのはどうしてもいろいろな分野にまたがる仕事が多いので、結果的に多くの分野の仕事をしてきたということです。

特許はとてもスリリングな分野で、事務所にいるとアメリカの特許庁と直接やりとりするのに近いような作業があります。たとえば、裁判の答弁書とか趣意書とかを書くのに近いような作業もあって、とても面白いです。

井口耕二(以下、井口)：　なかば法律文書ですもんね。

高橋(さ)：　そうそう。だから技術分野と法律分野の知識が必要と言われているんです。そのかたわら、学生時代のときからの続きで、科学史とか生物学史とかの界隈に出入りしていたこともあって、90年代半ばくらいから理系の出版翻訳も手がけるようになりまし

た。その他に80年代から翻訳以外にちょこちょこと文章も書いていて、この3つが基本的な仕事ということになります。文章は「科学技術論」が中心です。岩波書店のアンソロジー『戦後日本の思想水脈』シリーズ（2016年6月刊行）に1つ載っています。

井口： 大学で教えているのはジェンダー系でしたっけ？

高橋（さ）： ジェンダーと技術の間、生物学史と技術論の間くらいのところです。科学技術論や生物学史をやっていると、どうしてもジェンダーが関わってくるのですが、そういう分野を教えられる人は少ないんです。

――では、次に高橋聡さん。

高橋聡（以下、高橋（あ））： やっている仕事は、ひとことで言ったらITです。おしまい（笑）。ほかにもいろいろやっているんですけどね。

全部総ざらいすると、昔はエンターテインメント系の出版翻訳をやっていました。具体的に言うと、1980年代に流行したゲームブックというジャンルがあって、二見書房さんの某シリーズに関わりました。それと、海外ドラマのノベライズ版ってありますよね、その新シリーズも何本かやりました。最近はもうITばかりで、ニュース、ウェブ、ブログなどが中心です。コンシューマー向けとエンタープライズ（企業）向けがあります。コンシューマー向けだったら、たとえば「アンドロイドにこういうウイルスが出回っているから気をつけてください」みたいなブログ、エンタープライズ向けだと「企業向けのソフトウェアでアップデートがあります」のような内容です。

2006年までローカライズ系の翻訳会社に勤務していましたが、製品のローカライズ案件を請ける量はだいぶ少なくなってきました。単価の問題もありますが、長年ITをやっている人はそのパターンが多いですね。ブログとかニュースは毎日一定以上の量に対応す

る必要があります。即時性が求められる仕事で、納期はだいたい一日か遅くても翌日です。ブログやニュースはネタがいろいろあるのが楽しくて、フットボール選手や映画のネタが出てくることもあります。

深井裕美子(以下、深井): サブカル系の仕事はやっていないんですか？

高橋(あ): サブカル系は翻訳するときにネタとして出てくるけど、サブカルそのものはやっていません。単に好きなだけです(笑)。

エンターテインメント系の出版翻訳を昔やっていた関係で、たまに洋物ゲームのセリフも翻訳しています。シナリオに沿ってストーリーがたくさん展開しますが、その中のセリフ部分です。だから映像翻訳っぽいこともたまにはやっていて、吹き替えもあるし、字幕として出る場合もあります。

あと、僕は教えるのが好きなんだなあと最近よく思います。翻訳と並行して塾で教師をやっていたことがあり、今は翻訳学校で教えて5年目くらいになります。

——では次に深井さん、どうぞ。

深井: 来歴から言うと、大学時代のバイトからです。外国語学部だったので先輩たちが代々いろいろなところに翻訳・通訳のバイトへ行っていて、その紹介で行ったのがテレビ番組の制作会社でした。バブルの時代だったので海外ロケの番組がたくさんあって、英語を聞き取って日本語の字幕をつけるというバイトをしていました。

就職先は英語と全然関係のないところでした。体を壊してそこを辞めましたが、そのときにふと、「私、翻訳ができるかも」と思ったんです。会社にいるときからバベルの翻訳学校に通っていたんですが、会社を辞めてからはクラスを増やしました。そのときになんとなく映像系とかいろんな授業を取ってみました。通訳学校も同時

に通って、一時期は週に3日くらい学校通いをしていました。

高橋(さ)： 4人の中で、翻訳学校に通ったのは深井さんだけですね。

深井： そうかも。当時、ケリー伊藤先生に英文ライティングを教わっていて、徹底的に英語の書き方を教わりました。自分は帰国子女だから英語はそこそこできると思っていたんですが、社会に出たら全然通用しなくて、子ども扱いされたんです。そのときにケリーさんに英語の手ほどきを受けて、ちゃんとした大人の英語を学びました。

そのあと、番組制作会社のインハウスとして8年間働きました。そこで番組制作に関わるすべて、つまり取材申込からコレポン、事前の調べ物や収録したテープの書き起こしまで、通訳・翻訳に関することをひととおり全部やりました。2000年にそこがなくなったので、それからは自分でいろいろやっています。

今はエンターテインメント系が多くて、最近は芝居の戯曲の翻訳が一番多いですね。海外で上演されているさまざまな戯曲を取り寄せてレポートを作る作業で、日本でその戯曲を上演するかどうかを判断する材料にします。数多く読んで抄訳をしたり、現地での評判も全部まとめたり。そこで、そのうちのこれとこれを訳してくださいと言われるので、それを全訳するというのが最近多い仕事です。出版物でいえば、今まで小説や実用書、写真集など15冊の訳書があって、今後増やしたいと思っています。

もうひとつ、教える仕事もやっています。とうとう今年で20年目になって、最初は映像翻訳を教えていましたが、今はそれ以前の、翻訳の基礎を担当しています。5年くらい前の時点で、私の前を3000人くらいの生徒が通ったらしいので、訳文のサンプルはたくさん見てきています。

それと、日本のコンテンツを海外に出すための翻訳もやってい

す。日本の映画やテレビ番組の企画を買ってもらうためのプロポーザルを海外向けに書いたり、海外のテレビ局に「買いませんか」と持ちかけるための映像サンプルに字幕をつけたりしています。直訳ではなくて、コンテンツとして面白くしてくださいというオーダーが入るので、この場合はモノが売れる翻訳をしないといけません。それは私の恩師であるケリーさんの方法を踏襲しています。

——では、最後に井口さん。

井口： はい。ひとことで言ってしまうと、自分の分野は「その他」かな、と。私がやっているのは一般翻訳と呼ばれる分野が中心です。おおもとまでさかのぼれば、大学は工学部出身で、会社に入ってからはエネルギー利用技術の研究者をしていたため、翻訳者になった最初のころは、エネルギーと環境が専門だと言っていました。それだけでは仕事が狭いので、趣味でやっていた電気・電子関係、コンピュータ関係のハードとソフトウェア、自動車や機械などの翻訳もやるようになって、医学・生物を除く工学全般という具合にカバーできました。まとめて言うと一般翻訳でしょう（笑）。

高橋(さ)： 技術系の翻訳の分野は、私と井口さん２人で、たぶん全部カバーできるんですよ。

井口： 私、生物系は全然ダメなんですけど、それはさきのさんができるでしょう。そうするとだいたい２人でカバーできるわけです。オーバーラップする部分も多いけど、片方が全然やらない分野はもう１人がやるという感じです。

そんなわけで、基本的には工学系・技術系で、翻訳者になった最初のころは論文の翻訳もやっていました。バリバリの技術系論文から入って、だんだんやわらかいほうへ移って、最近は技術色の強い論文はほとんど訳さなくなり、ブログの記事やマーケティング系のものが中心になっています。技術の内容がわかって、なおかつ読ませなきゃいけないようなものになると、できる人が限られるので仕

事として成立するわけです。

　1998年に専業で独立して、そこから4、5年は論文とそれに類するものが中心だったと思います。2005年前後が変わり始めた頃で、その辺からお客さん向けの資料が増えていきました。出版翻訳が始まったのがその年で、『スティーブ・ジョブズ─偶像復活』という作品を訳しています。その少し前から、「読ませるもの、人を動かすもの」という趣向の文章が産業系で増えていて、それがけっこう面白いと思っていたところへ本の話が来たという経緯があります。出版翻訳も読ませるものでなきゃいけないじゃないですか。その延長上で、出版向けの翻訳ができるんだったらやろうかな、と思いました。

　それからは産業翻訳を主体にしつつ、本は年間に2冊ずつくらい訳していましたが、出版がだんだん増えて逆転したのが2010年でした。2011年からは、完全に出版が仕事量で上回って、その分、産業翻訳は絞りました。今は出版が主で、産業が従です。出版は、最初が『スティーブ・ジョブズ─偶像復活』だったせいなのか、IT系の読み物が多いですね。もうちょっと理系色が強いものもやりたいんですが、どうしても読み物がきます。

翻訳って何？

　──皆さんは全員、翻訳に入った道筋もやっていることも違うのに、翻訳に対して言っていることは同じですよね。そこで質問ですが、翻訳って何をすることですか？

　高橋（さ）：　違う言語世界を行き来する職業はいくつもあるけど、書き言葉から書き言葉へ行ったり来たりするという仕事は、たぶん翻訳しかないと思います。しかも、ここがポイントのひとつですが、

書かれている元の内容を無視しないことが重要なんです。元の原文の世界を大事にしながら、書き言葉を行き来するというのが、翻訳の一番広い端っこかな、という気はしますね。書き言葉というのは書かれた言葉という意味で、書かれた話し言葉でもいいんですが、紙なり画面なりに出てくる文字列のことです。その際に、原文を読んで見えた世界をきちんと意識しながら、訳文を読んでくれる人に同じものを見せるという仕事ですね。

深井： エンターテインメント系で言うと、書いた人が仕組んだ「仕掛け」を再現すること。小説でも番組でも、書いた人がものすごく仕掛けを考えて作っているはずなんです。それはたとえば、情報を小出しにすることかもしれないし、どこかでドーンとびっくりさせることかもしれないし、そのように計算し尽くしてあるものを、できるだけ別の言語でも同じように伝えるというのがすごく大事です。

学習者を見ていると、とにかく「わかりやすく訳したい」っていう人がいます。わかりやすさは時にいい場合もあるけど、エンターテインメントの場合は、わざとわかりにくく情報を出している場合もあるでしょう。それが最後につながるという仕掛けを、エンターテインメントはすごく大事にするんです。別にドラマに限ったことではなくて、ドキュメンタリーでも書籍でも何でもいいんだけど、わかりやすくしようとしてその仕込み方を台無しにする人はいます。その仕掛けをいかに再現するかが、エンターテインメントは一番大事かもしれない。

高橋（さ）： 文章の構成とか、立て付けとか……。

深井： 表現も含めてすべてそう。たとえば言葉遊びも、原文の書き手が工夫を凝らしたのであれば、できるだけ何らかの形で再現して書き手の努力に報いたい。書き手が「せっかくがんばったところなのに、台無しにされた」と泣くようなことは避けたい。ほかの

分野はわかりませんけどね。整理してわかりやすくしてあげて、見やすくすることが大事な場合があるかもしれません。

高橋(あ)：　今、深井さんが「仕掛け」という言葉を使ったけど、そのタームを変えたら、たぶんどんな文章だって同じですよね。仕掛けという言葉をほかの言葉に換えたら、何でも当てはまる。

井口：　基本的に、著者が伝えたいと思ったことが読者にちゃんと伝わるようにする、そのときに、著者が書いている言語とは違う言語で読む人の手元に、きちんと届くようにするというのが翻訳だと思います。エンターテインメントの場合は、そのために仕掛けを使っているということですね。

高橋(あ)：　ニュースやウェブも基本は同じです。情報の出し方を小出しにするとか、比喩とか引用を使うとか、そういうのは同じですから。英語圏のジャーナリスティックな文章って仕掛け的なのがあるから、基本的にそれはまったく同じですね。

井口：　技術資料だって同じですよ。その内容を読む人がきちんと理解できるように情報を整理して出しているわけだから。

深井：　違いがあるとしたら、私や高橋(あ)さんの訳している文章は、原文をプロが書いていますよね。

高橋(あ)：　そこが違いますね。たぶん、プロが書いている比率が一番多いのが、深井さんの訳しているエンターテインメント系で、僕のやっているニュースやブログは幅があるんです。すごくうまい人と下手な人、かなりクセのある人がいる。下手なものはある程度底上げしています。

翻訳はどこまで手を加えればいいのか?

深井: そうですね。ほかには企業内文書で、書くことの専門家じゃない人が書いている場合もありますよね。あとは書き慣れていない人とか。同じ部署の人には通じるけど、隣の部署の人には通じないみたいな場合もあるわけでしょう。それはどうするべき?

高橋(さ): それは仕事の請け負い方による。

井口: うん、ケースバイケース。

高橋(さ): リライトしてくれと頼まれているんだったらリライトするし、できるだけ元のままにしてくれと言われれば、元のままにします。原文の状態が悪いと、そのままというのが難しい場合もありますけど……。特許明細書の場合はプロのライターが書き、論文の場合は査読が入るので、あるレベルには達していますし、リライトなしでも翻訳できます。企業内文書というのは、逆にどうしようもないものが多いので、依頼の段階でリライトしてほしいと言われる場合も多いです。

結局は、出来上がったものに関してはちゃんとした水準のものを出すというのが基本になるわけですよ。元々の文章がいいから訳文もいいというパターンか、元がダメだからリライトしてちゃんとしたものにするかという、翻訳は伝統的にその2種類しかありませんでした。近頃は、ダメなままでいいから、ダメなままでテキトーに出してくれというような依頼のことも耳にしますが。

井口: 論文なんかは、英語で読むのが大変だから日本語に直して読みたいというケースがあって、この場合は、論文に間違って書かれたことがあったら間違ったまま訳すんです。「太陽は西から上がってくる」と書かれていたら、そのように訳すわけです。その論文にはそう書かれているから、変えちゃったらまずい。元で読んだ

ことと同じことが訳文で読み取れないといけないんです。

　それが同じ論文でも、「これから海外で発表しようと思っていて、日本語で原稿を書いたので英語に訳してください」と言われた場合は、たとえば論文の中で数値が合っていなければ、どちらが正しいのかを聞かないといけないというケースもあります。あとは、書いてある内容から推測して「こうじゃなきゃおかしい」という場合は、「直しておきました」という印をつけて返すとか、ケースバイケースです。

　深井：　混乱している学習者がすごく多くて、それはどこかで整理すべきだと思っているんです。わかりづらいことが大事な映画という場合もあるじゃないですか。それを整理されたら面白くもなんともないでしょう。

　ニュースなんかで、原文が事実と違うときに訳を変えてくる人もいるんだけど、違っていることを伝えるのが大事な場合もありますよね？　あと、つまらないジョークを面白く書き換えちゃう人がいる。

　井口：　それはつまらないジョークを言っていることが大事なのかもしれないよね（笑）。

　深井：　そうそう。いつもつまらないジョークを言っていて、周りの人に呆れられている人であるというのが大事な情報かもしれないですから。それを面白くしたら全然ダメですよね。

顧客のニーズに応えるには

　深井：　結局のところ、仕事としての翻訳はお客さんが求めるものを納めるのが最優先じゃないですか。だから先にお客さんが何を求めているのかを確かめないといけない。読みづらいものを読みや

すくしろと言われたのか、それとも言われなかったのか。これを勝手に決める人がいるんだけど、そうじゃない。スカートを買いに来たお客さんに、パンツをいくら勧めても買ってくれないですよね。何を求められているのかを最初によくやりとりしないで始める人がいますが、いくら頑張っても、お客さんのニーズに合っていなければダメですね。

井口　基本は事前にそうやって確認することなんだけど、それができるようになったうえでの応用というのは、お客さんが自分で何を求めているのかがよくわかっていないケースがあるので、その場合には……

高橋(さ)　カウンセリング業務もやる!

井口　そう、「こういうふうに使うんだったら、こうすべきじゃないんですか」って提案するとか、訳したうえで「こうするのがいいと思いました」と言って提出する場合もある。

高橋(さ)　「文体はどっちでいきますか」、みたいなね。

井口　昔やっていた論文の翻訳で、海外で発表したい日本語論文を英語にするという仕事のとき、日本語で書いてあることを厳密に理解するとおかしい点があって、「要するにこういうことが言いたいんじゃないですか」というやりとりを何回かした結果、「言われてみればそうですね」という話になったことがありました。

深井　海外に番組を売るときの企画書の場合ですけど、日本の企画書って「!」マークがたくさん並んでいることがあるんです。「気になる展開とは!」でページをめくるようになっているんだけど、日本式の企画書のままでは誰も番組を買いたいとは思いませんと相手を説得して、海外のスタンダードに合わせる提案をしたりします。最終目的が番組をどこかの海外局に買ってもらうことなら、それに向けてこちらでリライトしてもいいかということを初めに聞くわけです。

書き手の理屈を理解して訳語を選ぶ

――英日翻訳の話ですが、英語で読んで見えた世界があって、それを日本語に訳すときに、何の力が必要なのでしょうか？

高橋(さ)： よく言う話だけど、作者がその文章を書いて何かを描写したのを読んだとき、つまり、「こういう書き方でこういう表現をしている」というのを見たときに、「あの表現もこの表現も浮かんだだろう、でも最終的にここをこう描写した」と、書き手の気持ちになることかな。「ああも書ける、こうも書ける、でもこうしよう」と思った気持ちを理解できるようにすること、背景を理解すること……。

深井： 気持ちっていうと何か感情っぽいから、理屈かな。

高橋(さ)： うん、ロジック。背景。

井口： 何をどう伝えようと思ったのか、とかね。

高橋(さ)： たとえば単語１つでも、あれもこれも思い浮かんだけど、最終的にこの単語を使ったんだな、と理解すること。

深井： 英日翻訳で日本語がおかしいと思ったとき、私は英語を見ます。そうすると、たとえば英語でＡという表現をしている場合、Ｂという表現もＣという表現もあったのに、Ａを選んでいるわけだから、日本語でもＡを意味する言い回しになってないといけない。だけど、訳文を見ると「それはＣだよね」という場合があるんです。つまり、原著者が選ばなかった表現方法を訳に使ったというケースです。

井口： 今の関連で言えば、原文で違う表現になっていたからそろえておきました、というのがありますね。理由があって分けていたのに、そろえちゃうと台無しじゃん、というケース。逆に、英語は特性として同じ単語の繰り返しを嫌うんだけど、それだけの理由

で変わっているんだったら、日本語訳はそろえたほうがいいんです。日本語は基本的にそろえるほうですからね。

深井：　私はわりとバラけたいんだけどな。

高橋(さ)：　私もバラけるほう。原則としてそろえるというのはよいとしても、少しずつ違うような表現を考えます。原文の書き手が1番目と2番目でどういう言葉を選んだかっていう気持ちも汲まないといけない。

井口：　意図があるケースとないケースがあるんだと思う。

深井：　新聞のアカデミー賞授賞式の記事があったとします。原文では受賞を表すのに accept, get, claimed, received とかいっぱい書き分けているじゃないですか。それを訳すときに、私だったら「受賞した、獲得した、手にした」っていうふうに分けたい。それはどうしますか？

井口：　それは全部分ける。今のみたいだったら分けます。

高橋(さ)：　ビル・クリントンだったら、Clinton か、Bill か、the President かっていう……

深井：　じゃあ、散らさないサンプルは？

井口：　たとえばある技術があって、それを長ーく書くときと、短く一部分だけを取り出すときと、訳語で書くときとか、そういうケース。指しているものは全部同じ技術なんです。

深井：　なるほど。じゃあ、Bill も、Clinton も、the President も、全部「大統領」にします？

井口：　親しみを表すために Bill と言っているんだったら書き換えちゃいけないけど、単純に同じ単語が出てくるのを嫌って散らしてあるだけなのであれば、日本語は「大統領」でそろえるのが一番いいだろうという話はあります。

深井：　うっかりすると、読者によっては「ビル」と「クリントン」が別々の人だって思っちゃう人もいるかもしれないですからね(笑)。

段落の切れ目について

井口： 前に青木薫さんから聞いた話なのですが、「段落の切れ目は絶対に変えてはいけない。著者はどこで段落を切るかに命をかけているんだから、それを勝手に変えちゃいけない」と書かれている本を読んで、思わず、「段落の切れ目に命をかけているかどうかを判断するのが自分たちの仕事だ」と突っ込んだことがあるそうです。

高橋(さ)： ただ、そうなんだけど、日本語と英語の特性みたいなこともあって、日本語に関してはどうしても段落を分けたほうがいいっていうようなことはあると思います。

井口： 言語の特性による違いというものがあるので、それによる変化は出てくるわけです。さっきの「ビル」と「クリントン」と「大統領」みたいなのは言語の特性による違いという可能性があって、それだったら（英日翻訳の場合）日本語の特性に合わせてあげなきゃいけない。

高橋(さ)： 要するに、原文を書く人はフリーハンドだから長い段落でもうまく伝えられるんだけど、訳すときにはいろいろな制限がかかってくるから、その制限の中でやっていくと、長い段落を長いまま訳すのは非常に難しい。ちょっと切ったほうが楽というような場合は、結構多いですね。

深井： 段落の分け目に命をかけているかどうかも、上手な人が命をかけている場合と、あまり書き慣れていない人が適当にやっている場合とがあって、それは見分けなくちゃいけない。私は考え尽くして段落を分けている人が書いた文章に接することが多いので、死守することが多いと思います。でも、そうじゃないこともある。そういう分け方かしら？

高橋(さ): 論文の中でも、長くて当然のところと、段落をすごく細かく分けてもいいというような部分があって、方法の部分はどんなに短くてもいいけど、ディスカッションのところは何とか長めの形にして、きちんとストーリーを展開しなければいけないことになっています。だから段落と言っても1つの基準じゃなくて、同じ文章の中でもさまざまな基準を原著者が使いこなしています。

　もちろん、訳すときには変えないのが基本です。そうしなければ通じないという場合だけ変えるのが2段階め。変えないのがデフォルトです。

深井: 変える場合も、原著者が表したかったことを表せるという前提ですよね。そこがやっぱり大事で、原著者が言いたかったこと、もしくは使いたかった表現方法とか仕掛けとかを、再現できるのであれば、切ったりくっつけたりはあるんじゃないかと思う。同じ形で出すのが理想なんだけど、どうしても変えなきゃという場合はあるわけで、一様に「長いものは切りましょう」という教え方はしません。原則は「元の形をキープ」だけど、紙数の制限などやむを得ずどうしても加工しなければいけない場合は、原文が伝えたかったことを同じく表現するということをキープしたうえで、形を変えるということですよね。

——それはどの分野でも当てはまることですか?

一同: そうだと思います。

ワンパスで訳文を出してはダメ

高橋(あ): 結局、さっきから皆さんが「原文の趣旨で言いたかったこと」って言っているけど、そこをちゃんと読み取っているかどうかっていうのがすごく問題なんですよね。そこを読めていない翻

訳者も多いわけでしょ。

井口：　読めていないというのも問題だし、たった今この瞬間に自分は何をしなければいけないかの切り分けができていないという問題もある。まずは読み取って、それを日本語に移してっていう、瞬間瞬間にやっていることが違うじゃない。そのへんの切り分けができていなくて、全体として見ていないんですよ。

深井：　読めていないということで言えば、そもそも読めていないという自覚がないんじゃない？

高橋（あ）：　そうなのかもしれません。自覚があったら翻訳できないので、読めたと思って訳すわけでしょ。

高橋（さ）：　プロになってちゃんと訳している人は、まず、原文を読んだときに内容が相当わかっている。で、訳しながら、実はわかっていなかったなあと思いながら訳している。別の言語に持ってくるというのはとても大変なことなので、そこで、「ちゃんとわかっていると思ったけど、やっぱりわかっていなかったんだな」ともう一回気づくわけです。

井口：　フィードバックがかかる。

高橋（あ）：　そう、それは必ずかかる。

高橋（さ）：　訳す前に本当に原文を理解していると思えたから訳し始めるんだけど、いざ日本語に持っていってみると、「あ、ここにこんな仕掛けがあったんだ」ということに、もう一回気づく。そういうのがたぶん、ふつうのプロセスですよね。

高橋（あ）：　読んでいたときはスラッと自分で読めていたつもりだったけど、訳そうと思ったら日本語が出てこないって、よく聞くじゃないですか。その人たちは立ち止まって自分にフィードバックしていない可能性がありますよね。インプットはできたと思っている。で、今度はアウトプットしようとしてなかなか日本語が出てこないときに、さっきから言っているフィードバックをしないのね。

もう一回原文を理解し直そうとしないで、日本語だけでひねり出そうとする。

井口： ワンパスで出そうとしているんだよね。

高橋(さ)： 脳の中の回路を何回も行き来しているのかもしれないけど、訳すときは少なくとも10回、20回、50回くらいは、脳の中で行ったり来たりしていますよね、無意識のうちに。

井口： 訳文を考えたときに、たとえば「こういう表現にしようか」とか、「いや、でもああいう言い方もあるかもしれない」と迷ったときに、じゃあ、どの表現が原文に一番近いんだろうかと思ってもう一回原文を見てみる。すると、もやーっと右端のあたりのことを言いたかったんだろうと思っていたのが、左端のことだったとか……

高橋(さ)： そのときの頭の中なんですよね。さっき言ったダメな例だと、日本語がずーっと響いたまま、もう一回、さっきのうちのどれなんだろうって読みに行っているんですよね。だけど井口さんが言ったのは、そこにパタッと蓋をして、英語だけで読む。その切り替えがちゃんとできている人とできていない人がいて、すごく差があります。

辞書の大事さ

高橋(あ)： 僕が辞書の話をこの1年間ずっとやっているのは、そういうことなんですよね。辞書をちゃんと引けていない人は、フィードバックもちゃんとできていない気がします。

「辞書はお金で買える実力」って言っていますけど、買っても実力になりきっていない人がいて、たくさん辞書をそろえていっぱい当たって、気に入った訳語を選ぶ人が多いでしょう。それをやって

いる人ってワンパスなんですよ。

井口：　ワンパスじゃだめなんだよね。

深井：　「辞書を引いて単語の意味はわかったけど、全体がわからない」という人がいるけれど、それはそもそも単語の意味がわかっていない。「訳語の候補は見つかったけど文章に当てはめるとうまく通じない」というならまだいいけれど。

高橋（さ）：　たぶん、そういうことを言う人は、日本語ができていないんだと思う。英語を読む前に日本語の難しい文章を読んだことがない。日本語の中でやさしく言い換える——哲学書でもなんでも——それができるかできないかが大きくて、まず英語でわからないんだったら、その部分を英語でやさしく言い換えるのが必要なんじゃない？　英語で読んで、同じことを別のやさしい言葉を使って文を言い換えられるようにすることですよ。

深井：　英和辞書は訳語の候補がいっぱい載っていて、その中からどれがいいかって選びがちだけど、私たちは英英辞書を読んで、その説明文を読んでいると生徒には言っています。

高橋（さ）：　辞書は訳語の候補が載っているものと思った段階でダメなんですよ（笑）。

深井：　でもそれは、今まで高校や大学でそういう使い方をしてきちゃってるじゃない。英和辞書で調べて、それっぽい訳語を教科書に書き込んで、周辺は読まない。あとは、その書き込みをもとに何かでっち上げようとする。そうすると、「この訳語は合っているんだろうか」っていう、さっきの確認作業はあんまりしないんですよね。それじゃまずい。

辞書の話を高橋（あ）さんはずっと続けてきていて、反応はありますか？　目覚める人はいます？

高橋（あ）：　翻訳学校の受講生がすごく一生懸命COBUILDなんかを引いていますね。

深井： 私は英英を引くって生徒に言ったら、「そんなこと考えたこともありませんでした」って言われましたよ。

📖 翻訳しているとき、頭の中は……

井口： 私の場合、翻訳しているときの自分の頭の中は、たくさんの小人さんが働いているイメージなんです。一人は原文を書いている人で、「こういうものを伝えよう」と思って書いている人。別の一人は原文を読んでいる人。あと、当然、訳文を書いている人がいる。それからその訳文を読んでいる人もいる。原文と訳文をつないで言語間の対応を見ている人もいて、全部自分の中にいる。つまり、それだけ分かれているということなんです。で、全体を統括している人もいる。

深井： 工程にそれぞれ別の役割の人がいるっていうことですよね。

井口： そう。たった今は原文を書く人の立場に立って、何を伝えようとしているのかを考えている。でも次は訳文を読む人の立場で読んでいる。

深井： それは小人さんが細かく動いているということ？

井口： そうそう。ばーっと動いている。

深井： ディレクターとか監督のような役割の人もいて、この人にはこれをやらせて、どういう順番で登場させて、みたいなことを監督しているわけですよね。

井口： そう。その人が全体の動きを見ていて、ここがまだ足りないとか、ちゃんとできていないからやれとかいうのがあって、それをやって変化すると、さっきの循環につながるんだけどさ。

深井： そのぐるぐる回っているっていうのと、高橋(さ)さんが

言っていた脳の中の回路を何回も行き来しているというのは、似ていますか？

高橋(さ)：　そう、似ています。人生を何回生きるかということで、翻訳者は英語の人生を送って、日本語の人生も生きていて、そこを行き来している感覚。

井口：　統括している人がいなくて、だーっと流しているようだとダメなんですよね。それぞれの人がそれなりにやっていても、ダメ。自分はどこにいて何を見ているのかのイメージを持つと、何人もの人間が自分の中にいるように感じるわけです。みんながわさわさ作業して、「オレのところはうまくいってるよ」とか「オレんとこはうまくいってねえ」とか言って行ったり来たりしながら、循環してがーっと回っていく。相談しながらやっていくんだよね。全体が「これでいいんじゃね？」となったら、OK なわけ。

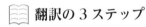
翻訳の 3 ステップ

深井：　私が最近よく書いている「翻訳の 3 つのステップ」という話があって、まず原文を正確に理解する、次に訳語の候補となる日本語をできるだけたくさん思い浮かべる、そしてその中から適切なものを選ぶ。これを工程として私はいつも言っているんですけど、この話は、それぞれの工程で起きていると考えればいいのかな。

高橋(さ)：　いや、それを行ったり来たりしているの。

深井：　英文をちゃんと読めているかという問題もそもそもあるんだけど、訳語の妥当性を検証しないのが「戻っていない」という話になるのかな。

高橋(さ)：　そこからもう一回原文に戻ったり、行ったり来たりを何度もするわけじゃないですか。

井口：　妥当なものを選ぶっていうことは、原文をきちんと理解していないとできないし、次の訳文側の候補がいろいろないとできないし、どれが妥当かを選ぶときは、訳文の候補と原文の間を何回も行ったり来たりしないと、どれが妥当であるかは選べないわけですよ。選ぶという処理が、行ったり来たりのところになるんだと思う。それをしないで、適当にワンパスでやっちゃうと……。

　訳文を書く時点で1つしか書けないということもあるだろうけど、1つ書けたらOKだと思って次に行っちゃってると、選ぶことを完全にすっ飛ばしちゃう。選ぶためには訳文を複数考えないといけないけど、選ばないんだったら複数考える必要がないんだから。

高橋(さ)：　原文が英語だったら、英語を読んでいるときの目と、自分が日本語を書いているときの目と、書いた日本語を読んでいるときの目と、同じ人の中でも最低3つは目があって、そこは行ったり来たりの回数をすごくやっています。

井口：　それが、自分の中に人が複数いるような、小人さんと言うのか、目と言うのか、人によってとらえ方は違うのかもしれないけど、言っていることは同じだと思います。

高橋(あ)：　OSみたいなもんですよね。いろんなアプリケーションに振っておいて、OSはちゃんと機能しているっていう。

井口：　たった今どのアプリケーションで処理しているのかっていうことをOSは意識しているわけだもんね。外から見ていると全部一緒に動いているように見えるけど、瞬間瞬間にはこっちのアプリケーションを動かし、あっちを動かしている、と。

高橋(さ)：　3つのステップっていう話で言えば、自分が今何をしているかっていうことをきちんと自覚的にやることって、すごく大事だなと思っているんです。今は読んでいる立場、今は書いている立場、今は訳文を読んでいる作業をやっているという、自分が今何をやっているのかを、すごく自覚してほしい。

井口：　それは今何の作業をしているかによって、その人の立場がまるで変わるんですよ。ものの見方自体がまるで変わる。まるで変わるから、それぞれの立場から見たものがずれるケースがある。ずれたら、それをすり合わせないといけない。そろったらいいよね、と。ところが、一般的な場合だと、「私一人で見ているんだから、あっちもこっちも同じじゃないですか」となるわけ。そういう人が多いんです。

　深井：　よく、「私の解釈では」と言う人がいるでしょう。「私の解釈ではこう読みました」、と。でも、それはその人の経験や知識の中で思うことであって、書いた人の経験や知識とも違うし、読む人のとも違う。だから「私」をそんなに中心にしないようにっていうのは言っているけど、なかなか伝わりませんね。自分基準になりがちです。

📖 "ヤンキー" な人が出てきたら、どう訳すか？

　深井：　書いた人がどういうつもりだったかとか、読み手がどう取るのかというところで、私はいつもターゲットオーディエンスを意識しろとずっと強く言っています。それでおもしろかったのは、17歳と21歳の若者２人の書簡集みたいなものを授業で訳してもらったとき。ターゲットオーディエンスを意識して、読者はたぶん丁寧なものを読みたいだろうと思い込んで「です・ます」調で書いてきた生徒がいたんです。でも、この登場人物たちのキャラは違うのね。もっと若々しい。だから、すごくびっくりしました。

　高橋（あ）：　丁寧さの次元を間違えているよね。

　深井：　そう。それを読むのは大人かもしれないけど、その２人が若者キャラであればカジュアルな物言いでよくって、原文では２

人の書き分け方がとても興味深かったのに、そこは訳に生かされてなかった。しかも、丁寧に訳してきたのは1人じゃなかったんですよ。ということは、読み手側を想像したときに、その想像が間違っているのかなあ、と。

井口： 「若い人」という原文側の条件を落っこことしているわけでしょ？

深井： そう。あとはインタビューものの課題を出しても、テレビで放送するものだから「です・ます」調がいいと思って書いてくる生徒もいるんだけど、出てくる人がいわゆる"ヤンキー"な人でも丁寧語。

井口： ヤンキーな人が出ていたら、その人はヤンキーである性質を表に出しているんでしょう？ だから、出し手のほうの情報が抜けているわけだね。そこがなくて、読む人のほうしか見ていないからおかしくなっちゃう。

深井： そうそう。さっきの小人さんの役割の話だと、読む人を正確にとらえていない例だなと思ったんです。

高橋(さ)： 要するに、光景が見えていないんですよ。若い人同士がしゃべっていて、こんなふうにしゃべっているだろうという原文世界があれば……単純に見えていなくて、読み取れていないんじゃないですか。

井口： そこを見なきゃいけないっていう意識がないんじゃないの？ ターゲットオーディエンスを意識しなさいと言われていると、それしかできない。そっちに注意すると原文の世界を忘れてしまうのではないかと。

深井： 口調に気をつけなければいけないと思っていないんです。たぶん、特殊性を感じちゃったんだと思います。たとえば、テレビの台本を訳すときは丁寧にやらなければいけないというようなことが優先されてしまって、キャラクターの書き分けとかしゃべってい

る様子の再現とかが後ろに置かれてしまったんだと思うんです。守らなきゃいけないことが複数あるんだけど、ターゲットオーディエンスのことを考えだしたら、ほかのことがみんな抜け落ちたような……。

高橋(さ)： 翻訳で何が一番大切かというときに、「読みに始まって読みに終わる」と私はずっと言ってきているんですが、「読みに始まって」というのは原文の読みで、やっぱりこれが最重要なんですよ。最初に何があるかって言ったら、英和翻訳の場合、最初にその文章を読んだときにどう読むか、それが最重要なこととしてドンと置かれないといけないと思う。

 「普通の訳文」って？

深井： あと、「普通の翻訳でいいんですか」ってよく聞かれるんだけど、それって何？と思うわけです。「普通の翻訳」っていう幻想が何かあるみたい。

高橋(あ)： ある意味では、全部普通の翻訳なんじゃないの？

深井： 「普通」っていうのがあって、それは色がついていなかったり、特徴がなかったりというイメージらしいです。「普通に訳してきた」と提出された原稿は、原文にあったはずの特徴もなくしてるんだけど、本来はなくそうとしてもできないと思うんですよね。

高橋(あ)： 普通にっていうのはわからないなあ。

深井： 意図的に色もつけずに、演出も何もせずに「普通の」日本語にしてきているんです。その人たちの言葉を借りれば、「演出をいろいろしないのがいいと思った」みたい。原文にあった演出を外してきた、ってことかな。

でも、著者はどういう人かとか、どういう媒体に載っているかと

か、読む人はどういう人かって質問すると、生徒たちは答えられるんですよ。周辺調査をしたうえで訳してもらっていますからね。

高橋(あ)： じゃあ、たとえば「思ったんじゃ」としないで、「思ったんだ」と書いてあるような感じ？

深井： そう。「〜したんだよねー」と書かないで、「〜したんです」と書くみたいな。

高橋(さ)： じゃあ、こういうことでしょうか。訳すときに、外しちゃいけない項目があるということを教えなきゃいけない。そういうことなんじゃないでしょうか。

深井： 最終的にはそこに行き着きますね。最初に原文が読み取れているかどうかという問題がもちろんあって、そこは、私はわざわざクエスチョンシートみたいなものを作って「著者はどういう人ですか」「どういう媒体に載りますか」ということを事前に確認したうえで訳してもらっています。それなのに確認したことを訳文に反映させなきゃダメじゃん、何のために調べてきたの、っていう話はします。

高橋(さ)： 訳文に反映させるための必須のものとして原文から読み取っているのと、ただの背景情報として読み取っているのって全然違うことなんだと思う。

深井： それは私が上手に教えきれていなくて、反省しました。
主旨に帰って「レッスン」的に言えば、いきなり訳し始めず、準備することが大事で、「準備7割」なんですよね。事前にこういうことを調べましょうという話をいつもしてきているのに、そのことが訳文に反映されない例を見てきちゃったので、さらにそれを活かさなければダメだよということまで説明しないといけないな、と感じています。

高橋(さ)： 本当は2段階なんだよね。思ったとおりに訳したうえで、どこまでなら許容範囲かなって考えるのは後の問題じゃない

ですか。とりあえず最初は全部反映してよっていう話だよね。

深井：　原文を書いた人がカジュアルな感じで書きたかったのなら、そういうことを尊重しないとだめですよね。勝手に私たちの段階で、その情報を消しちゃだめ。

やればできるんですよ。たとえば、「27歳の女の子がこう言う？」って問いかけた後は、27歳ふうに書けるんです。ただ、自分でブレーキをかけてしまう人もいる。

高橋（あ）：　じゃあ、「普通」に書いたのは自分なりのブレーキなわけ？

深井：　男と女の書き分けや演出が必要なドラマを訳してきている授業の流れの中で、書簡集とかインタビューなどの書き物になると、「これは書き物なので、そういう演出はいらないと思いました」と言う人がいるわけ。「セリフじゃないので」とかね。動画を普段訳している人たちという特殊な環境ではあるんですよ。でも書簡やインタビュー原稿にも、キャラクターは絶対にあるわけじゃないですか。そのときもやっぱり、「これは文字の翻訳なのでキャラクターは出さないほうがいいのかと思いました」って言うんです。

説明できることの重要性

高橋（さ）：　いつも小人さんと言ってよいのかよくわからないけれども、想像力というのか、文章が読まれる環境をきちんと想像して、そこをきちんと説明できるようにすることは大事です。

深井：　きちんと説明できるのはめちゃくちゃ大事です。なんとなくではなくて、なぜそうなったのかを説明できるっていうのは、とにかく大事。

高橋（さ）：　説明の仕方はいろいろあって、「こういう理由だか

ら」っていう説明の仕方だけじゃなくて、別の言い方で同じことを表現してみることもありますよね。

深井：　感覚じゃだめですよね。説得力がなくちゃいけない。「私の感覚では」とか「私の解釈では」なんていうのはだめ。

井口：　特に、最後の「訳文を読者の立場で読む」ステップでは、自分の感覚で読んじゃダメなんですよね。自分の感覚で書いたんだから、自分の感覚で読んだら正しいに決まっている。でも、読む人は自分じゃない人なんだから、その人たちの言葉遣いとしてちゃんと理解してもらえるものなのかを考えないといけない。

高橋(さ)：　硫酸に水を入れるのか、水に硫酸を入れるのか、自分はわかって書いていても、読む人がわからないで、なんとなくどっちかわからないなあって思っていたら事故になってしまいます。

井口：　それが事故になってしまうのがわかる人はあまりいないと思う（笑）。

高橋(さ)：　お料理をしていて、粉の中にメレンゲを入れるのか、メレンゲの中に粉を入れるのかとか、人によって通じるメタファーは違うと思うんですけども。ともかく、読み取った人が間違ったら困るわけですよ。

深井：　やっぱりターゲットオーディエンスを意識しなければいけないということですよね。

井口：　そうそう。頭の中で意識しているだけではだめで、調べることも含めて、そうですね。

脳内シソーラスを作るためには

——では、まとめに入ります。もう一言だけ、最後に付け加えたいことがあれば、一人一言ずつお願いします。

深井：　頭の中でぐるぐる行ったり来たりの話なんだけど、普通の人が思っているよりずっと切り替えが速いんだと思うんです。さっきの3ステップの中の、訳語の候補を挙げるっていうのは、生徒には書き出せって言っているけど、私たちプロは瞬間的に頭の中に思い浮かべているんです。脳内シソーラスで全部仕分けて、語釈も挙げて、それをわーっと一瞬でやっている。学習者はそれをゆっくりやるべきなのかな。

　井口：　訓練として、書いてみることは大事だと思いますよ。

　今でも時々、訳しにくい著者の文章は訳文を複数書いてみています。何種類か書いてみて、うーんって見比べてみて、これかなって選ぶわけです。

　最初のうちは脳内で比較する数が少なくて、慣れていくうちにだんだん増えてスピードが上がっていくんだと思うんですね。だから書いてみるというのはひとつの訓練としていいことだと思うし、そういう習慣がない人は実際に書き出してみて習慣化するというのが大事なんじゃないかな。

　高橋(さ)：　まず単語レベルでいいので、似たようなものをシソーラスで引いて、単語の横にパラフレーズの訳を書く。たとえば、アメリカでホームステイして英語がわからなかったときに、ホストマザーがもっとやさしい言葉に言い換えてくれたりするじゃないですか。そのイメージで、単語の横にやさしい言葉を書いてみる。そうすることで、いくつもの言い方があるということがわかると思うんですよ。

　理系の人によく言うんだけど、参考文献を読むときも、工業高校の高校生向けのものや、大学1、2年生向けや、大学3、4年生向け、それと技術者向けと、技術者の一般読み物みたいな、同じことに関するものについて書かれたものを並べておいて、それぞれどう表現が違っているのかを見て、先に自分で表現集を作っておくといいん

です。

深井： 難易度別シソーラスですね。私たちはそれを脳内で一瞬のうちにやっているけど、そこに達するまでそれぞれ20年くらいかかっているわけで、一足飛びにそこを目指すのは無理だと思うんですよね。

一足飛びには行かないので、その手前で時間をかけるんだけど、これこそがスキルなんです。翻訳学校に行って、ある単語はこう訳すと覚えてきたり、単語帳を見て丸暗記したりする人もいるかもしれない。その一方で、こういう基礎訓練を私たちはやってきた。そこが必要なんだと思います。

でも、この脳内活動の話を聞いて別世界のことのように感じる人もいるんでしょうね。

井口： だろうと思うよ。

高橋(あ)： 原文があって、真ん中に絵とか情報とかいろいろある。そこからの出力として訳文がある（p.193の図参照）という話を、翻訳歴5年くらいの人に説明したら、「目からウロコでした」って言われました。

深井： その人は今までどうしていたんだろう。

高橋(あ)： 置き換えていたんですよ。真ん中に絵があるという、ただそれだけのことが新しい発見だったようです。

高橋(さ)： たとえば小学校1、2年生の段階で、「このお話を読んで絵を描きましょう」ということをやったりしますよね。絵が描けたかどうかで理解内容を確認している。同じですよね。

深井： 「絵を描く」と言うと、「それは文芸だからじゃないですか」って言われることがありますよ。

井口： 技術系の人はみんな絵が描けますよ。

高橋(あ)： 技術系のほうがむしろ絵を描けないとおかしいですよね。

深井:　硫酸と水はどっちを先にすると危ないのかが私はわからないから、自分がわからない化学や医学は絶対に訳さないけど、わからなくても訳している人っていっぱいいますね。いずれ事故が起きるか、人死にが出ますよ。

井口:　何が書いてあるかわからないけど、専門家が読んだらわかるんでしょ、書いてあるとおりに訳していけばいいんでしょう、っていう人はいます。基本的にそういう姿勢で仕事をしている人がいるっていうのは怖いですよね。

高橋(さ):　毎回絵を描くのが面白いんですよね。文章を書く人ってみんなそうじゃないですか。普通に文章を書いて楽しいっていうことに加えて、翻訳するときには、文章も書いているし訳もしているんだから、2倍楽しくなきゃいけないんですよ。

高橋(あ):　いやあ、楽しくないときもありますけどね（笑）。

📖 ずれを調整すること

井口:　最後の一言なんだけど、よく翻訳は等価でなければいけないって言うんですよね。でも、翻訳したら絶対にずれるんです。ずれをゼロにすることは、基本的に不可能。細かく見れば見るほどずれている。だけど、細かいところのずれは、さっきのフィードバックでぐるぐるしているとき、部分部分はずれているかもしれないけど、ある程度まとまってみると、ずれがどんどん小さくなっていくような、そんな訳し方はできると思うんです。

そういう意味では、単語レベルではずれているかもしれないけど、1文レベルで見たらあまりずれていなくて、1文レベルで見たらまだある程度ずれているかもしれないけど、段落レベルで見るとずれがもっと小さくなる。で、段落でもまだずれているかもしれないけ

ど、それが集まって1章になるともっとずれが少なくなってというふうに調整していく。それに応じて循環もどんどん回っていく。単語と文の間だけじゃなくて、文と文のつながりとか、そのへんも循環でぐるぐる変わっていくし、そうやって全体まで循環が広がって、うまく全体のずれが小さくなるように落ち着かせられればいいわけです。少しずつあちこちを調整して……。頭から後ろまで、全体の調整がすごく大事です。

高橋(あ)：　たとえばブロックでも何でもいいんですけど、パーツをはめていかないといけないですよね。パーツをはめていって、6割くらい仕上げて最後に調整するっていう人もいるけど、途中のパーツの組み立てをいい加減にやって、かなりいびつになっていても無理やりおさめるというイメージなんですよね。やっぱり、ある程度ちゃんと組み合わせて、テトリスみたいにしていかないとダメ。テトリスしていったうえで、それでも最後に凹凸があって、これをどうするかって話ですよね。

井口：　小さいレベルでの調整をちゃんとやっておいて、だんだん大きいレベルでの調整もやると、ちゃんとしたものができる、と。

深井：　計画的であることや、きちんとしていること、それとマメさとか、この仕事では大事だと思う。いい加減な人には向いていない（笑）。

高橋(さ)：　私が最後に付け加えるとしたら……読んだときにきちんと音のブロックとして頭に入ってきて、それがすとんと腑に落ちるように組み立てられたものを生産しなくてはいけないと思っています。そこを目的にして、原文を読むときから、どういうブロックで原文は成り立っていて、原文の大きい単位や小さい単位、いろんなレベルの単位を見ながら、それを全部きちんと訳文の側に反映していって、反映しているものが音のブロックとしてまとまっている、と。頭の中に入ってくる単位ってそんなに大きくないですよね。

それが、ここまで読んだらこれがきちんと頭に入り、次を読んだら前の部分と有機的な形で頭に入り、読みながらちょっとずつ入ってきたものがきちんと頭の中で組み立てられるような形になっていくと、最終的に理解できるというか……。

井口：　さっきの高橋(あ)さんのテトリスしていく話と同じだよね。

深井：　あと、私が最初に言った仕掛けですよね。著者が作った仕掛けを、どれくらい咀嚼して再構築するか。結局そこへぐるっと戻るのかなあ。

井口：　さっきの私の話がまだ残っているんですけど、全体として何が言いたいかというのが最後には一番大事になってくるじゃないですか。だから全体がどうなのかということも押さえておかないといけないわけで、そことの関係で微視的なものも見ないといけない。巨視的なところも見て、微視的なところも見て、全体がちゃんと見えていないといけない。

高橋(さ)：　深井さんがよく言うんだけど、どこが強調されているのかがわかるように訳しておく、そうすると、この音のブロックはしっかり残しておくみたいなことがわかります。

深井：　パーツだけがそろっている訳文というのがあって、原文でストレス（重点）が置かれている部分が訳文側ではなくなっていたり、関係のないところが妙に大きくなっていたりというのがある。もしくは、全部のっぺり、ただつながっているだけの訳文。でも音の強弱とかストレスの置き場所とか重さとかが再現されていなかったら、翻訳とは言えませんよね。

細部も見るし全体像も俯瞰で見るし、行ったり来たりぐるぐるするのに加えて、寄ったり引いたりというのが必要なんでしょうね。

高橋(さ)：　いっぺんには見えないわけですよ。0.5秒とか0.3秒という非常に短いスパンで行ったり来たりしているんだけど、あるときには抜けていないかどうかをチェックしているわけだし、次

の瞬間には大事なところを大事に訳せているのかというところを見ているときもあるし、小声のところがちゃんと小声で伝わっているかなという、細かいところを見ているときもあるし。

深井： 私はよくカメラワークの話で喩えるんですが、絵がわりと3Dなんですよね、一枚絵というよりも。動きもあるしカメラも動くし。

高橋（さ）： 90年代なかばのころは、私たちは「絵」で説明していたんです。そのうちインターネットの時代になって、「動画」という言い方になりました。動画という言い方で何がわかるかというと、絵の順番やカメラアングルまでわかる。カメラの位置が高いか、低いか、対象と遠いか近いかという話までできる。最近は動画であることがあまりに当たり前になったので、また「絵」という言い方に戻っているんですけど。

高橋（あ）： 僕は「絵コンテ」という言い方が一番しっくりくるんですよね。しかもアニメの絵コンテなんです。映画の絵コンテよりアニメの絵コンテのほうがきれいに厳密に切ってある。それこそ、アップの次はこっち側から見た場面と、全部変えるでしょ。だから、僕が翻訳するときの頭の中は絵コンテが一番近い。なおかつ絵コンテに音が加わるんだけど。

高橋（さ）： 翻訳に必要な力って何ですか、という質問があるじゃない。だいたい世間的に出てきそうなのは調べ物とかだけど、今までこの話で出てきてないでしょう。

井口： 世間的にはさ、外国語の力、日本語の力、調査の力、とかじゃない？

高橋（さ）： あとは技術と内容の理解ね。でもここで出てきているのは、構成力、それから想像力。構成力の中には2つあって、物語を構成する力と、過程を計画していくのとあるんですよね。

高橋（あ）： アニメ制作の現場で言うと「進行さん」かな。自分

の「進行さん」にならないといけない。アニメに限らず、映画を作るイメージが一番近いんですが、自分で脚本を書く、監督も演出もする、音楽もつける、たぶんそういう総合力なんですよね。

(2016 年 1 月 15 日収録)

レッスン2

翻訳は「準備7割」!

深井 裕美子

　ここからが実践編です。まず、翻訳に取りかかる前にやっておくべきことを把握しておきましょう。意外とたくさんある準備内容に、ハッとするかもしれません。

さあ、翻訳を始めましょう。

何から手を付けるのが正解、というのはありません。人によって、ざっと下読みをしてから辞書を引きながら読みなおすという人もいれば、初めからこまめに調べ物をしながら読んでいく人もいます。また、ごくざっくりと、俗に言う「ヨコタテ」[1] をして、後から文体を練るという人もいれば、初めからきっちりと、納品できる文章に近い形で書いていく人もいます。個人個人の癖や好みということもありますし、題材が既知の内容か、初めて見るものかなどの条件によっても変わってきます。ここでは、一般に先にやっておくと、のちのち楽になる準備作業を紹介していきます。

量とスピードを把握する

まず、原文のワード数[2]を数えましょう。これからとりかかる文章の量がどれくらいあるかを計り、今後の作業計画を立てるのです。はじめから睡眠を削ってハイペースで進めても、途中で息切れします。逆に「だいたいこれくらいで間に合うはず」と思って作業していて、時間切れになることもあります。普段から自分の作業スピードを把握しておけば、このような事態は防げます。そのために、まず量を把握します。

短い文章だったら、一つひとつ手で数えることもできるでしょう。大先輩たちの中には、数取器（交通量調査で使われている、あるいは紅白歌合戦で野鳥の会の人が使っている、カチャカチャと押すあれです）で数えていた方もあるそうです。しかし今はもっと便利な方法があります。

---

1 横のものを縦にする、の意。外国語から日本語に訳すことを指す。日本語から外国語の場合は「タテヨコ」。
2 英文の単位は「ワード数」、日本語は「文字数」。

もし原文が電子データの形で支給されていれば、ワードで開いて「文字カウント」の「単語」の欄を見ます（日本語では「文字数（スペースを含めない）」と「文字数（スペースを含める）」と二通りの数え方がありますが、いつも一定の方法を使うようにしておけばいいでしょう）。原文がPDFもしくは紙で支給された場合には、

1) 電子データを探す
2) 自分でスキャンとOCRを行う

という2つの方法があります。1) はネット上に同じ文章が公開されていないか、電子書籍として配布または販売されていないかを探します。無料のものがあればラッキーですが、仮に有料のものしか見つからなかったとしても、数千円以内であれば、購入しても十分に元が取れるでしょう。2) はPDFソフトのOCR機能を使うこともありますし、いわゆる「自炊」[3] をする場合もあります。OCRには誤認識と修正がつきものですが、だいたいの分量を把握するだけなら、さほどの正確さは必要としませんので、すぐにできます。1)、2) のいずれかの方法で電子データを入手したら、やはりワードの「文字カウント」で字数を数えます。

　映像翻訳の場合には素材の「尺」（長さ）を確認します。60分番組と言われたけれど、CMの分を除いたら正味56分だったというようなことはよくあります。同時に、翻訳対象となるセリフやナレーションの量も確かめます。スクリプトが添付されている場合には、そのワード数を数えてもよいでしょう。

3　書籍を裁断・分解し、ScanSnapなどのスキャナーで読み取り、OCRソフトで電子化すること。

所要時間の見当をつける

　次は作業時間の予測です。普段から何百ワードの原文（何分の番組）を訳すのに何時間かかった、何千ワードでは何時間かかったというように、記録を取っておくと、やがて自分の「時速」がわかるようになっていきます。その「時速」にさきほど調べた「量」をかけ、だいたいの所要時間を予測します。難しさ、既知の内容かどうかなど、さまざまな条件で実際の所要時間は変わってきますが、ここでおおざっぱにでも予測を立てておくと、後で慌てることが少なくなります。

　翻訳をするたびに、「原文のワード数」と「かかった時間」そして「時速」を記録します。エクセルで表を作り、ワード数と時間を入力すれば自動的に時速が計算されるようにしておくと、気軽に記録ができるようになります。サンプル数が多ければ多いほど、正確な数字が出やすくなりますから、こまめに記録を取りましょう。ジャンルによって、また単発かシリーズ物かなどによって、スピードは変わってきます。表にはそのようなことが書き込める欄も作るといいでしょう。

　作業時間には、実際に訳文を入力していた時間だけでなく、調べ物をしていた時間、問い合わせをした時間などもすべて含みます。計測する際には、どうしてもスピードアップしたいという気持ちになりがちですが、ここで重要なのは速度ではなく、自分の作業ペースの把握ですから、「可能な限り高品質な訳文に仕上げたら、どれくらいかかるか」を測ります。学習を始めてからしばらくは「時速」は落ちていくことが考えられます。それまで気にしていなかったことをきちんと調べ、きちんと書くようになるからです。ある程度まで落ちれば、やがてまた上がっていきますから、気にしないように

してください。

　もうひとつ、記録を取りたいのは、訳し上がりの文字数です。普段から原文と自分の訳文の比率を把握しておくと、訳抜けなどの異常が発生したとき、また冗長な訳文を書いてしまったときに気づくことができます。翻訳者によって、原文対訳文の比率はまちまちで、長めに訳す人、短めに訳す人がいます。たとえば筆者はだいたい原文160ワードが訳文400字（英：日 = 1：2.5）となりますが、まわりには100ワード/400字（英：日 = 1：4）という人も、180ワード/400字（英：日 = 1：2.2）という人もいます。数字には翻訳者個人の癖やクライアントの意向（「コンパクトに訳してほしい」「できるだけ細かく説明してほしい」等）が反映されます。またIT翻訳などカタカナが多用される訳文では日本語の文字数は多めに、リーガルなど漢字が多い訳文では少なめになります。どの数字が理想的ということはありませんが、一般的に同じ翻訳者、同じ分野、同じクライアントであれば、比率はある程度一定になるものです。訳してみて、普段とあまりにも比率が違う場合には、異常が発生しているかもしれないので点検します。

A	B	C	D	E	F	G	H	I
日付	案件名	ジャンル	原文ワード数	訳し上がり文字数	所要時間	ワード数/1時間	ワード数/訳し上がり400字	原文：訳文
2016/5/29	Dear Enemy	小説	491	1259	7.5	65	156	2.56

　翻訳を仕事にするなら、こういった「数字」の作業は避けて通れません。フリーランスとして仕事をするならなおさらです。「原文は○○ワードあるのですが、何日でできますか？」といった問い合わせや、「××ワードの文章ですが、3日でできますか？」といった引き合いがあったとき、「えーと、ちょっと考えますので時間をください」ともたついていると、クライアントは「急ぎますので他

に聞きます」と去ってしまいます。また、料金の提示があったとき、自分の「時速」を把握しておけば、それが作業量に見合う金額かどうかも判断がつきます（仮に1時間に100ワード訳せるとして、1ワードあたりの単価が10円なら、時給は1000円となります。5円なら500円となります。時速200ワードの人が単価15円で仕事をすれば、時給は3000円です）。大部の作品を手掛けるときは、自分の処理能力に合わせてスケジュールを立てれば、無駄に徹夜をすることもなくなりますし、締め切りに間に合わないという事態も防げます。

学習期間中に翻訳技術だけでなく、このような実務も身につけておくようにしましょう。翻訳学校で出た課題、教則本の例題……すべての翻訳作業について記録をつけていけば、やがて信頼するに足る、しっかりとしたデータが取れるようになります。

【コラム】受発注における分量のカウント方法

仕事として英日翻訳をする場合、分量の計算方法には二通りあります。

1）訳し上がり文字数
2）原文ワード数

訳し上がり文字数は、パソコンやワープロが出現するよりも前、原稿用紙に手書きをしていた頃にできた考え方で、文字通りできあがった訳稿の枚数で支払金額が決まります。単位は「枚」。400字詰め原稿用紙を数えていたときの名残です。訳し終わるまでクライアント、翻訳者ともに金額がいくらになるかはっきりわからないこと、またダラダラと訳したほうが金額が増えるという不公平さから、現在では採用している翻訳エージェントは少なくなっています。

一方、原文ワード数で計算する方法は、支給される原文の多くが電子データとなり、簡単に数えられるようになったため、急速に普及しました。あらかじめクライアントも翻訳者も量の見当がつき、予想外

の事態が発生しにくいことから、最近はこちらが主流となりつつあります。

　CAT* を使用する翻訳の場合は、原文のワード数を単純計算するのではなく、TM（翻訳メモリ）にすでに登録されている既存訳文とのマッチ率などに応じた「みなし分量」が使われます。TM に完全一致や部分（ファジー）一致の既訳が存在する場合、翻訳にかかる作業負荷が小さいとみなされ、一致の度合い（マッチ率）によって単価が割り引かれるのです。100％一致しているときには単価の 10％、50％一致のときには 70％といった数字が発注者から提示されます。

　日英翻訳でも、基本的な考え方は同じですが、訳し上がりは「ページ」、原文は「字（文字）」という単位を使います。訳し上がり方式で計算する場合、エージェントによって単位がまちまちなので、気をつける必要があります。180 ワードを 1 ページとするところもあれば、200 ワードや 220 ワードのところもあります。タイプライターを使っていた当時、マージンや行間の設定がさまざまだったため、受注前に何ワードを 1 単位とするか、互いに了解しておくことが大切です。

　映像翻訳では、対象となる映像素材の長さ（分数）が単位となっています。「10 分○○円」といった具合です。最近ではより細かく 5 分、あるいは 1 分を単位とするクライアントもあります。翻訳対象となる文章（セリフやナレーション）の多寡にかかわらず、素材の「尺」が単位となります（まれに翻訳に要した時間で時給計算するクライアントもあります）。

---

* Computer Assisted Translation。代表的なツールは SDL Trados Studio

🔍 誰が、何のために、誰に向けて、どうやって使う文章か

　どんな文章も、誰かに何かを伝えるために書かれています。原文の作者も、誰かに何かを伝えたくて、文章を書いています。そして、そのために、さまざまな工夫をしています。翻訳者の仕事は、単にA言語からB言語へ置き換えるものではなく、原文作者が伝えたいことを過不足なく訳文の読者に伝えることです。そのためには、原文についてよく理解しておく必要があります。

　例として、児童文学の一作品を取り上げます。「文芸？　わたしはIT翻訳だから関係ないわ」「子ども向け？　科学論文とは違うだろう？」と思われるかもしれませんが、児童文学でも、技術文書でも、映像作品でも、翻訳が目指すべきことはひとつです。「原文を読んだ人と訳文を読んだ人が、同じ絵を思い浮かべられるようにする」。原文に書いてあることを正確に読み取り、別の言語の読者に過不足なく伝えるのが翻訳です。そのために必要な作業はおおむね共通しています。

An Excerpt from "Dear Enemy" by Jean Webster

1　Do you remember the ugly green reception room on the
2　first floor? I have removed as much of its greenness as
3　possible, and fitted it up as the doctor's laboratory. It
4　contains scales and drugs and, most professional touch
5　of all, a dentist's chair and one of those sweet grinding
6　machines. (Bought them second-hand from Doctor Brice
7　in the village, who is putting in, for the gratification of his
8　own patients, white enamel and nickel-plate.) That drill-
9　ing machine is looked upon as an infernal engine, and I

10 as an infernal monster for instituting it. But every little
11 victim who is discharged filled may come to my room
12 every day for a week and receive two pieces of chocolate.
13 Though our children are not conspicuously brave, they
14 are, we discover, fighters. Young Thomas Kehoe nearly
15 bit the doctor's thumb in two after kicking over a tableful
16 of instruments. It requires physical strength as well as
17 skill to be dental adviser to the J. G. H.

時間を見積もる

　まずやるべきことは量の把握、そしてそのためには電子版を入手するのでしたね。今回の例題は、著作権が切れているので Project Gutenberg [4] で無料配布されています。

　　"Dear Enemy" by Jean Webster
　　http://www.gutenberg.org/ebooks/238

　HTML、電子書籍リーダー用の EPUB ファイルや Kindle ファイル、さらにはプレインテキストファイルも用意されています。ここでは HTML ファイルを開き、Ctrl+F で該当箇所までジャンプしてみます。頭から "Do you remember" と検索窓に入力しても

4　Project Gutenberg　http://www.gutenberg.org/
Project Gutenberg Literary Archive Foundation（PGLAF）が運営する電子図書館。英語を中心に、各国語の著作権切れの作品が数万点収蔵され、利用者は無料でダウンロードすることができます。Amazon の Kindle 書籍で「0円」となっているものの中には、ここのデータを転用したものもあります。データの入力は主にボランティアが行ったもので、中には誤植がある作品もあるので、できる限り紙版・製品版（もしくはその画像）と付き合わせて、間違いがないことを確認しましょう。たとえばこの Dear Enemy は初版をスキャンした画像が電子図書館 Internet Archive（https://archive.org/）で公開されています。該当するページを開いて、Gutenberg のデータと相違ないことを確認するとよいでしょう。
https://archive.org/details/dearenemy02websgoog

いいのですが、似たような言い回しが数カ所あるかもしれませんので、特徴的な"green reception"を入力してみましょう。すると作品のわりと早いところにこの課題箇所がありました。"Do you remember"から"J.G.H"までをワードに貼り付けてみると164ワードあることがわかりました。タイトル行も加えると、172ワードです。

　量がわかったので、今度は作業時間の見積もりをします。これまでの計測で判明している自分の「時速」が仮に100ワードだとしたら、この課題には1.7時間程度かかることが予想されます。時速80ワードだったら2.1時間です。誤差は当然発生しますから、最低でも3時間程度は見ておいたほうがいいかもしれません。ちなみに、今まで見てきた生徒さんたちは400ワードの課題に15〜20時間かかることはザラでした。授業で解説を聞き、改稿するところまでを含めたら、30時間くらいかかる人も大勢いました。時速にすると15ワードにもなりません。それではもちろん仕事になりませんが、勉強を始めたばかりのころは、そんなものだと思ったほうがいいかもしれません。

　余談になりますが、翻訳学校に通う場合には、やる気や覚悟だけでなく、時間も必要だということを頭においておきましょう。実際に校舎に出向き、講義を聞く時間だけでなく、予習復習に大変多くの時間を割かなければいけません。さきほどの例でいえば、毎週20〜30時間の勉強時間を普段の生活の中で確保できるかということです。参加することに意義があるとばかり、準備もせずになんとか身体だけ出席するというのでは、やがて講義についていけなくなります。クラスメイトは仲間でもありますが、ライバルでもあります。より多くの時間とエネルギーを費やしたほうが先にプロになるというのは、自然の道理です。

読者対象を設定する

　続いて読者ターゲットを設定します。実務でも文芸でも映像でも、すべての翻訳において、まず初めにすべきは「誰に読んでもらうか・見てもらうか」を決めることです。子ども向けなら、学年に応じた言い回しや漢字を使います。生徒さんが子ども向けに訳したという文章を見せてもらうと、難しい漢字にルビが振ってあるだけというケースがときどきありますが、それではいけません。たとえば大人向けに「春の到来で桜が開花した」と書いたなら、子ども向けには「春の到来で桜が開花した」ではなく、「春が来て桜が咲いた」としたうえで、学年に応じて漢字とひらがなを使い分けなければいけません[5]。簡単な日本語の勉強には、NHKの「NEWS WEB EASY」[6]というサイトが参考になります。小中学生や日本在住の外国人のためにニュースをわかりやすい言葉で伝えるもので、ワンクリックで当該ニュースの「普通バージョン」も開けるので、両者の比較ができます。

　大人向けの場合でも、広く一般に向けてなら誰にでも通じやすい表現を、一部の限られた専門家に向けてならその世界での特殊用語を使う必要があります。「とりあえず『普通の』日本語にしておいて、後から直す」という人もいますが、いったん文字にしてしまうと、どうしても発想が凝り固まってしまいます。また、後々の修正の手間を考えると、初めから計画的にターゲットに合った用語を使ったほうが効率的と言えます。

　今回の例文の読者ターゲットは、どのあたりに設定すればいいでしょうか。たとえば既訳書のターゲット設定を参考にするのもよいでしょう。現在入手可能な訳書のうち、新潮文庫版（松本恵子訳

5　文部科学省のウェブサイトに「別表　学年別漢字配当表」があります。
6　http://www3.nhk.or.jp/news/easy/index.html

1961年）と角川文庫版（村岡花子・町田日出子訳1959年）は、どちらも一般向けの文庫シリーズに収録されていますので、小学生は対象としていないと推測されます。一方、偕成社文庫版は奥付に「中学以上向」との記述があります。それぞれ書店あるいは図書館のどのコーナーに並べられそうな本か、考えてみましょう。内容から考えることもできます。後述のとおり、この本の前篇にあたる「あしながおじさん」は主人公の大学生活が主な内容であるのに対し、こちらは主人公の仕事や恋愛が大きなテーマとなっています。それらに鑑みて、読者設定をすることも考えられます。いずれにせよ、自分が決めたターゲットに合った文章を書くのが肝要です（実際の仕事のうえでは、クライアントから指示があったり、担当者と相談しながら決めたりすることになります）。

　次に、原文の目的を考えます。ひとくちに文章と言っても、宣伝を目的としたもの、報告のために書かれたもの、説得するためのもの、芸術的なものなど、目的はさまざまです。宣伝であれば、その商品の良さをできるだけ全面に押し出すよう工夫したいですし、今回のように文芸的なものであれば原文の持つ巧妙な仕掛け、微妙なニュアンスまで忠実に再現したいところです。

著者を知る

　今度は書き手について調べましょう。どんな背景を持つ、どんな人物が書いたのでしょうか。人名表記はどうする習わしになっているでしょうか。同時に、既訳の邦題と発表された時期や場所、シリーズのあらすじ、登場人物のキャラクターや人間関係なども調べます。

　書き手がどんな人物であるかは、訳出の際に重要です。内容に詳しい人が書いたのかどうか。もしあまり詳しくない場合は、原文に間違いがある可能性があります。どうしても意味が取れないと悩んだ挙げ句、実は著者が勘違いしていたと判明するということは時た

まあります。逆に、著者が内容についてのエキスパートであれば、間違っているのは訳者のほうである可能性が高くなります。さらに、できれば原文の持つトーンや雰囲気も訳出したいわけですが、どんな人が書いたかわからないと、トーンや雰囲気の再現も難しくなります。

　調べるのが難しそうだと感じたら、著者プロフィールをまとめる気持ちになってみましょう。一般的なプロフィールにはどのようなことが書いてあるでしょうか。「筆名」「本名」「出身地」「生年・没年」「肩書・職業」「簡単な学歴・職歴」「受賞歴」「その他特記事項」あたりが多いでしょうか。中には「家族構成」「趣味・嗜好」などが書いてあるものもあるかもしれません。探せば情報はいくらでもあるでしょうが、細かいことにこだわりすぎて、肝心の訳出の時間がなくなっては困ります。おおむねこれらの項目について調査すれば、翻訳するには十分でしょう。今回のケースであれば、この程度で十分です。

「ジーン・ウェブスター（1876～1916）　アメリカ、ニューヨーク州生まれの女流作家。本名アリス・ジェイン・チャンドラー・ウェブスター。父は出版社経営、母は文豪マーク・トウェインの姪。ヴァッサー・カレッジ卒業。在学中に英文学と経済学を学び、孤児院を訪問するなどして福祉事業に興味を持つ。1903年『おちゃめなパッティ大学へ行く』（When Patty Went to College）でデビュー。1912年に発表した『あしながおじさん』（Daddy-Long-Legs）が評判を呼び、1915年に『続あしながおじさん』（Dear Enemy）を発表する。同年、弁護士のグレン・フォード・マッキニーと結婚し、翌年女児を出産するが、2日後に39歳の若さで亡くなった」

　この略歴からわかるのは、ジーンが文学的な環境で育ち、女子大

学に通っていたということ。本作の舞台であるニューヨーク州は、彼女の地元であること。つまり、知識や教養のある人が、自分の経験に基づいて書いた作品である可能性が高いわけです。

著者名の日本語表記も確認しましょう。外国人名のカタカナ表記は、定番があれば、それに従うようにします。現在販売されている『続あしながおじさん』では、新潮文庫（松本恵子訳）、角川文庫（村岡花子・町田日出子訳）、偕成社文庫（北川悌二訳）のいずれも「ジーン・ウェブスター」としています。過去にはポプラ社（山主敏子訳 1978）で「ジーン・ウエブスター」（「エ」が大きい）や岩波文庫（遠藤寿子訳 1950）で「ヂーン・ウェブスター」（「ジ」ではなく「ヂ」）というバージョンもあったようです。

既訳を調べる

同時に既訳書の邦題も調べます。必ずしもタイトルはこれまでに出ている本と一緒にする必要はありませんが、「今まで世の中では何という作品として親しまれてきたか」を調べなければいけません。長らく内藤濯さんの訳で「星の王子さま」として親しまれてきた"Le Petit Prince"（英題 "The Little Prince"）も、2005年に翻訳権が切れて各社から新訳が出た際、いろいろなタイトルが付けられました。

【既訳踏襲派】
「新訳星の王子さま」(倉橋由美子 2005)
「星の王子さま」(池澤夏樹 2005)
「星の王子さま」(河野万里子 2006)
「星の王子さま」(奥本大三郎 2007)

【原文尊重派】
　「小さな王子さま」（山崎庸一郎 2005）
　「ちいさな王子」（野崎歓 2006）
【オリジナル派】
　「あのときの王子くん」（大久保ゆう 2006）
　「小さな星の王子さま」（河原泰則 2006）

　この他にも多数のバージョンが出版されていますが、それぞれに理由があっての命名だと思われます（実際に決めるのは出版社の担当者ですが、翻訳者の意見も求められます）。
　調査の結果、今回の課題の"Dear Enemy"は「続あしながおじさん」として訳されているケースが多いことがわかりました。このまま踏襲するのもありでしょうし、既訳は承知のうえで、あえて別のタイトルを提案することも可能でしょうが、それには説得力のある理由がいるでしょう。ちなみに本作の前篇にあたる"Daddy-Long-Legs"は「あしながおじさん」として知られていますが、一番初め（1933）に東健而さんが訳されたときは「蚊とんぼスミス」という題だったそうです。また本作も村上文樹さんの初訳（1942）では『若き世界』というタイトルでした。

年代と地域
　原文の書かれた年代も大切な情報です。いつ頃の文章かによって、
1) 文体
2) 用語
3) 常識

が変わってきます。この作品が発表されたのは 1915 年。日本で言えば大正 4 年です。約 100 年前の作品の登場人物、しかも当時はまだ珍しかったであろう女子大出身者（＝知的で裕福であった可能性

が高い）に、今どきのティーンのような喋り方をさせるのは（よほど意図的でない限り）不自然です。また、当時の英語と今の英語では意味が変わっている単語もあるでしょう。最新の辞書と併せて、古い辞書（Webster's 1913 Dictionary[7] など）を引いたほうがいいこともあるかもしれません。たとえば、原文9行目の"engine"は、現代の辞書では

> ❶ ［しばしば複合語で］エンジン，機関，発動機　❷（鉄道の）機関車（locomotive）．　❸《正式》［通例単数形で］（社会変化を引き起こす）原動力，牽引力．【ジーニアス英和辞典 第5版】

となっていますが、Webster's 1913 では

> 1. Natural capacity; ability; skill. 2. Anything used to effect a purpose; any device or contrivance; an agent. 3. Any instrument by which any effect is produced; especially, an instrument or machine of war or torture. 4. (Mach.) A compound machine by which any physical power is applied to produce a given physical effect.

とあり、だいぶ意味が違うことがわかります。

　なにせおよそ100年前の話ですから、今とは常識も違うかもしれません。衛生観念も、社会通念も違うでしょう。正編・続編共に女性が主人公ですが、1915年当時といえば、日本はもちろんのこと

---

[7] 1913年発行の英英辞典 *Webster's Revised Unabridged Dictionary*。著作権が消滅しているため、自由にウェブ上で引いたり、ダウンロードして自分のPC上で使ったりできます。

アメリカでも女性は参政権[8]を持っていませんでしたので、今の女性とは立場も考え方も違っていたと考えられます。このあたりを頭においておかないと、思わぬ誤訳をすることになります。

地域も意識したいものです。同じ英語でも、イギリス英語とアメリカ英語で表現が違うことは、みなさんご承知のとおりです。たとえば原文2行目の"floor"は、英米で数え方が違うので注意が必要です。日本でいう1階はイギリス英語では ground floor、アメリカ英語では first floor といいます。句読法にも違いがあり、セリフをくくるのは、イギリスではシングルコーテーション（'Hello.'）、アメリカではダブルコーテーション（"Goodbye."）です。また現在では、英米豪など古くから英語が使われてきた国だけでなく他の国からも英語での発信が行われており、独特の言い回しや誤った用法が原文に含まれていることもあります。

あらすじと登場人物

次はあらすじの把握です。今回の課題はシリーズ物の2巻目、それもその途中から出されています。課題箇所だけ読んで訳すのが無理であることは容易に想像がつくはずですが、かといって限られた時間の中で小説を2冊読むのは骨が折れます。そういうときは、あらすじがどこかに発表されていないか、調べます。

あらすじには二通りあります。最後まで詳細に書いてあるものと、途中まで紹介したうえで「この先は本編をどうぞ」としてあるものです。実際に作品を読むのであれば、エンディングまで書いてないものが良いでしょうが、今回は内容を知るための調査ですから、結末がわかるものを探したいところです。

---

8 女性参政権が認められたのはアメリカが1920年、日本が1945年。

既訳書のまえがきやあとがき、作品の公式サイトなどであらすじや作品紹介を見たところ、「正編」は孤児のジュディが匿名の資産家（「あしながおじさん」）の援助を受けて大学に進学し、その学生生活を手紙にしてあしながおじさんに書き送るという内容であることがわかりました。最終的にはジュディはあしながおじさんの正体を知り、お互いの気持ちを知ってハッピーエンドを迎えます。続編のほうは、ジュディの大学での親友サリーが、ジュディと夫の依頼で孤児院の改造に取り組む話で、前作と同じく一方通行の書簡集という特徴がありますが、手紙の相手は前作と違ってジュディ、同僚医師、恋人の３人で、内容は主に仕事および結婚と恋愛となっています。そして最後にはサリーも結婚観を変え、愛する人を見つけます。ちなみに、あらすじを書いてみるのも翻訳の良いトレーニングになります。例題の内容を50字にまとめろと言われたら、できるでしょうか。内容がよくわかっていなければ、あらすじは書けません。また映像翻訳の吹替では、セリフの翻訳の他に梗概（あらすじ）の作成も翻訳者の仕事です（スタッフや声優さんたちが内容を把握するため）。普段からできるだけさまざまな梗概の例を見て、お手本から学ぶようにしましょう。

　登場人物についても、知っておきたいところです。主要な顔ぶれのプロフィールやキャラクターをしっかり把握し、それを訳文に反映させます。学のある大人と幼児とでは、使う言い回しも文体も違ってきます。また、相手が誰であるかによって口調も変わってきます。今回の課題は、前作の主人公ジュディの大学での親友サリーが、ジュディに宛てた手紙です。サリーは裕福な会社経営者の令嬢で、働いた経験もありません。そんな彼女が今までまったく縁のなかった孤児院に（半ば恋人への意地で）足を踏み込み、見るもの聞くもの珍しくて驚いているくだりです。学のある良家の子女が、同じくインテリの親友に宛てて書く手紙では、どのような言葉づかいをするか

を考えなければいけません。

　わたしは長い作品を訳すときには、まず読みながら登場人物のメモを取ります。また、人物同士の間柄についてもメモします。同じ登場人物でも、相手が目上なのか目下なのか、親しいのかそうでないのかによって、しゃべり方は変わるはずだからです。中にはストーリーの途中で間柄が変わってくる場合もあります。初めはただの知人だった男女が、親しくなり、恋人になったものの、やがて破局を迎えるといった展開では、使われる口調も変化していくはずです。

　日本語では敬語や「オス・メス」（男ことば・女ことば）など、訳し分けの方法がいくつかありますが、どこで、何を使うかは、初めに計画を立てておくのが得策です。とりあえず日本語にしておいて、後から直すのでも良さそうなものですが、たいがい直し忘れが出たり、破綻が生じたり、時間切れになって直し損なうものです。この人とこの人の間は敬語で、別の人との間は友だち口調で、とあらかじめ決めておけば、途中で迷うこともありません。

　端役についても、きちんと意識し、確認する必要があります。原文14行目に登場する Young Thomas Kehoe の young は、うっかりすると「幼い」と訳してしまいがちです。ところがこの先を読むと、実はこの人は16歳であることがわかります。本全体を見渡して、情報を探さなければいけないわけですが、そのようなときに活躍するのが電子データです。紙の本を目視確認していたら、いくら時間があっても足りませんし、見落としも出ます。その点、電子データがあれば、Ctrl + F で "Kehoe" と入力するだけで、一瞬にして彼が登場する6ヵ所がリストアップされてきます。

　登場人物が幅広い場合は書き分けは比較的容易ですが、似たような人ばかりが出てくるときには苦労します。先日、若い男性ばかり数人しか出てこない戯曲を訳したときは、困り果てました。結局、自分の好きな漫画（サラ・イネス「誰も寝てはならぬ」）のキャラ

クターをそれぞれに割り振り、「ゴローちゃんだったら」「ヤーマダくんなら」と想像して書きました。

情報ソースの優先順位

さて、これらの調べ物をするには、どのような文献がいいのでしょうか。Wikipediaのような、誰が書きこんだかわからない情報ではなく、ちゃんとした情報はどこで得られるでしょうか。

1) 原書と訳書（本体）
　作品のまえがきやあとがきに、著者紹介やあらすじ、背景の説明などが載っていることがあります。出版社が責任をもって掲載しているものですから、信憑性はかなり高いと考えられます。

2) 原書と訳書（公式サイト）
　こちらも出版社が公開しているものですから、信頼してよいでしょう。

3) しっかりとした辞書・百科事典
　百科事典はおおまかな知識を得るのに大変有益です。図書館で閲覧することもできますが、電子版がインターネットで無料公開されているものもあります。『百科事典マイペディア』（日立ソリューションズ・クリエイト）、『世界大百科事典 第2版』（同）、『ブリタニカ国際大百科事典 小項目事典』（ブリタニカ・ジャパン）、『日本大百科全書（ニッポニカ）』（小学館）を横断的に引ける『コトバンク』（https://kotobank.jp/）はこのような調べ物に大変便利です。百科事典的性質を兼ね備えた国語辞典も役に立ちます。『コトバンク』

には『デジタル大辞泉プラス』(小学館)、『大辞林第三版』(三省堂)が収録されています。

4) しっかりとしたレファレンス本（辞典・事典）
　上記『コトバンク』では『20世紀西洋人名事典』(日外アソシエーツ)、『デジタル版 日本人名大辞典 +Plus』(講談社)、『知恵蔵』(朝日新聞出版) などが利用できます。また、図書館で文学事典や歴史事典、人名事典の類を見てもよいでしょう。

5) オンラインデータベースやネットショップの説明文
　上記1) 〜 4) に比べると情報の信憑性は一段下がると考えたほうがよいでしょう。紙の出版物（およびその電子版）に比べてウェブサイトは制作に関わっている人が少ないため、間違いがあっても見つかりにくいのです。やむを得ず使う場合には、「データ」と「利用者の書いた感想(レビュー)」をきちんと分けて見るようにします。

6) 素性のわからないウェブサイトや SNS
　匿名で書かれている記事や執筆者が明らかでない「用語集」は、ヒントを得る程度にとどめましょう。

世の中の「普通」（スタンダード）

　ある文章を訳すことになったら、まずはお手本を探して観察しましょう。小説を訳すなら、似たようなターゲットの作品を3つ、4つ見比べます。新聞記事を訳すなら、新聞記事を複数用意して、スタイルをよく見ます。テレビドラマを訳すなら、シリーズのそれまでのエピソードや類似番組を最低数本は見ておきます。

訳文にオリジナリティを出したいという気持ちはわかります。しかし、そのためには、世の中のスタンダードを知っておく必要があります。スタンダードを知ることはまた、効率アップにもつながります。「だ」にするのか「ですます」にするのか、どの程度ひらがなを使うのか、映像翻訳ならどれくらいの情報量を詰め込むのか……自分の頭のなかでいくら考えても決まらないことが、サンプルをいくつか見てスタンダードを知るだけで、すっと解決します。

既訳から学ぶ

　もしこれから訳す原文に既訳があれば、必ず見てください。既訳を参照してはいけないと思い込んでいる人がいます。「人の訳に引きずられる」とか「オリジナリティが損なわれる」というのがその理由です。

　そんなことはまったくありません。翻訳の先輩方による既訳は、よく見せてもらい、たくさんのことを学ぶべきです。もちろん、丸写しにしたのでは盗作（いわゆる「パクリ」）になってしまいますし、自分の勉強にもなりません。そうではなく、「なぜ先輩はこの訳に至ったのか」を考えてみることが、役に立つのです。よく観察、分析したうえで、自分の訳文を書きます。

　ここでひとつ例を挙げてみましょう。先ほどと同じ本でサリー院長が、ひどく残酷ないたずらをした少年を罰する場面です。

> ふたりは台所へとびこみましたが、あたしは、すばやく、何か、せっかんに使う適当(てきとう)なものはないかと、あたりを見まわしました。すると、まず目に映ったのは、せんべい返しでした。（『続あしながおじさん（下）』岩波少年文庫・遠藤寿子訳 1955）

「せんべい返し？」と思われたかもしれません。原文では、なんと書いてあったのでしょう。

> We burst into the kitchen, and I hastily looked about for a means of chastisement. The pancake turner was the first utensil that met my eyes. (Webster, Jean. *Dear Enemy*. New York: Penguin, 2004. P.291. Print.)

原文では、この部分は pancake turner でした。さて、当時の pancake turner は何でできていて、どんな形をしていたのでしょうか。Google 画像検索で「"pancake turner"」を調べてみましたが、ヒット件数が多すぎるので作品の発表年を入れて「"pancake turner" 1915」としてみました（Google では、ダブルコーテーションでくくると「フレーズ検索」になり、pancake と turner がひとつながりになっているサイトがヒットします）。するとネットオークションの eBay に Vintage Spatula として、パンケーキ粉会社の景品だったと思しき道具がいくつか出品されていました。どれも基本的には金属製で、長い柄があり、薄い金属の板が先端についています。

さらにアメリカ議会図書館 Library of Congress の Chronicling America（chroniclingamerica.loc.gov/）というアーカイブで、同じように検索をしてみます。ここでは 1836 年から 1922 年にアメリカで発行された新聞の紙面を検索することができますが、今回は年代を 1900 年から 1920 年に絞ってみました。すると 1915 年にワシントン D.C. で発行されたワシントン・タイムズ

紙に、イラスト入りの宣伝がありました（楕円内が当該箇所）。まさにさきほど、eBay に出品されていたものと同じです。

　これで、サリーが台所でとっさに手にした器具の形状はわかりました。今度はこれを、どう日本語にするかです。台所にあって、お仕置きに使える形状をした道具。他の先輩方はどう訳されているか、見てみましょう。

> 台所の中に、なだれこむと、まず、何か折檻（せっかん）に使えるようなものはないかと、大急ぎで物色しました。一番先に目に入ったのが、フライ返しでした。（『続あしながおじさん』角川文庫・村岡花子／町田日出子訳 1959)

> わたしとジョンとは台所へなだれ込（こ）みました。そして私は急いであたりを見回してこの子を折檻（せっかん）する道具をさがしました。最初に眼（め）についた道具はホットケーキ返しでした。（『続あしながおじさん』新潮文庫・松本恵子訳 1961/1988 改版）

> ふたりは台所（だいどころ）にとびこみ、わたしはいそいで折檻（せっかん）の道具（どうぐ）をきょろきょろとさがしまわりましたが、そのとき最初に目にはいったのが、パンケーキをひっくり返すへら。（『続あしながおじさん』偕成社文庫・北川悌二訳 1985（底本は 1959）

　「フライ返し」は、イメージが近い気がします。フライ返しを辞書で引いてみましょう。

> フライパンで、焼き物を裏返したり炒め物を混ぜたりするのに用いる、柄のついた先の平たい道具。ステンレス製が多い。ターナー。【広辞苑第 5 版】

a turner; a spatula.【研究社新和英大辞典第5版】

　かなり先ほどの図と近いようです。一方、「ホットケーキ返し」は、pancake と turner それぞれが別個に訳してあるので、なんとなくイメージはわくものの、日本語としてはあまり使われていない言い回しかもしれません。日本語コーパス「少納言」[9] および「青空 WING」[10] を確認してみても、ヒットしません。[11]

　ちなみに日本でホットケーキが普及したのは、1957 年に「森永ホットケーキミックス」が発売されて以降と考えられます。よって 1955 年の遠藤訳、村岡／町田訳にホットケーキという文言が使われておらず、1961 年の松本訳には使われているというのは、納得がいきます。一方パンケーキの方は、意外にも宮沢賢治「春と修羅」（1924）や古川緑波「古川ロッパ昭和日記＜戦前編＞」（1936）にも出てきます。

　先輩方が活躍された昔の翻訳をこうやって読みなおすとき、「ちょっと違うのでは？」と思うことは多々あります。先達が誤読や誤解をなさった可能性はあります。しかし、なんでもすぐ検索できたり、著者や詳しい人に聞けたりするような現代と違い、先輩方の時代は情報が限られていましたし、辞書も資料も今ほどはありませんでしたから、多少の不正確さはやむを得ないところもあったで

9　国立国語研究所の「現代書き言葉均衡コーパス」を全文検索できるサイト。データは 1976-2007 年に発表された、実在する文章から収集。http://www.kotonoha.gr.jp/shonagon
10　主に明治・大正・昭和（中期まで）の、著作権の切れた作品 1 万 3000 点余りを収録した電子図書館「青空文庫」のデータをひとつのファイルにまとめ、EPWING ブラウザで全文検索できるようにしたもの。大久保克彦氏作成。　　https://aozorawing.osdn.jp/
11　一昔前まではこのように日本語の文例を探すときには Google が使われてきましたが、現在では有効ではありません。検索結果に自動機械翻訳で作られた和文が含まれるようになってしまったためです。また A という表現と B という表現で迷った時にヒット数を比べるという方法も、今では使えません。Google のパーソナライズ処理や独自の重み付けにより、検索結果から客観性が失われたからです。

しょう。あるいは、もしかしたら先輩方は、わかってはいたけれど、当時の日本人読者の西洋についての知識や理解を鑑みて、敢えて少し日本風に変えられたということもあるのかもしれません。「せんべい返し」がそのいい例です。中には古い翻訳を取り上げて、誤訳だ、誤訳だと騒ぐ方もありますが、情報が少なく、読者の理解も今ほどではなかった中で翻訳されたものに尊敬の念を持つことはあっても、非難する気にはとてもなれません。そして（ここが大切ですが）先達の偉業はよく勉強させていただきつつも、今だったらどう訳すのがベストかを考えなければいけません。正確な意味を調べる術がふんだんにあり、かつ読者の知識や理解がかなり高まっている今書くならどういう訳文か。じっくり考える必要があります。

図書館のすすめ

　ここまで主にネットを使った調べ方をご紹介してきました。しかし、できれば図書館に足を運んでいただきたいのです。なんでも自宅のパソコンから調べられるようになった昨今、図書館に行くのは時間や手間がもったいないと感じる人もいるかもしれません。しかし、図書館には図書館の長所があります。

整理された情報
　インターネットの大海原の中では、どちらを向いたら何があるのかわからず、ウェブサイトを開いては閉じることの繰り返しになりがちです。検索キーワードをいろいろ変えてみても、どんどんあらぬ方向に行ってしまい、初めに何を探していたかわからなくなってしまうこともあります。
　その点、図書館では、大量の文献がきちんと分類され、ひとまと

まりに棚に納められています。目指す棚がわかれば、そこにまっすぐ向かって行けますので、迷子になることがありません。また目的の本の周辺には類書が並んでいますから、見比べることもできます。

一次情報に当たることができる

　情報はできるだけソースに近いところで確認するのが調べ物の鉄則です。「大もとの本」＞「それを引用した記事や書籍」＞「それを読んだ人が書いたブログ」＞「それを読んだ人が書き込んだSNS発言」……といった具合に、情報の信憑性(しんぴょうせい)は落ちていき、最後のSNS発言にたどり着くころには、どれほど不正確になっているかわかりません。必ず出典を遡(さかのぼ)り、1次情報を探すことが大切ですが、図書館で調べ物をすれば、その場で次々と文中の資料にあたることができ、素早く大もとの情報にたどりつけます。

司書さんに相談できる

　図書館には調べ物のプロ、「司書」さんがいます。レファレンスカウンターで相談しましょう。その際「〇〇という本を見たいのですが」と具体的な書名を挙げて聞くのもいいのですが、もう少しおおざっぱに「△△について調べたいのですが、何を見たらいいでしょうか」という聞き方や「××が事実か知りたいのですが、どうやって調べたらいいですか」という尋ね方もできます。

　全国の図書館のレファレンスカウンターに寄せられた問い合わせと、それに対する司書さんの答えが1ヵ所に集積されているのが「レファレンス協同データベース」(http://crd.ndl.go.jp/reference/)です。国立国会図書館が全国の図書館と一緒に構築しているもので、一般の人も自由にウェブで閲覧することができます。「レファレンス協同データベース」で調査済みの資料と内容を確認してから図書館に出かければ、二度手間がなくなり、時間の節約となります。

レファレンス協同データベースの価値はその記述内容の信憑性の高さにあります。専門職である司書さんが、経験と専門知識を活用して検索を行い、きちんとした出典データとともに結果をリストアップしてくださっているのです。ネット検索でたまたまヒットしたような、どこの誰が書いたかわからないデータとはまったく違います。また、プロのリサーチを追体験させてもらうことで、調べ方の勉強にもなります。データには資料の正確な名前も記載されていますから、自分でその資料を閲覧し、確認することもできます。

トップ > レファレンス事例詳細

◀トップへ戻る

レファレンス事例詳細(Detail of reference example)

[転記用URL] http://crd.ndl.go.jp/reference/detail?page=ref_view&id=1000108386

提供館 (Library)	練馬区立光が丘図書館 (2310087)			管理番号 (Control number)	nerima－光が丘－0016
事例作成日 (Creation date)	2012年05月18日	登録日時 (Registration date)	2012年07月11日 02時05分	更新日時 (Last update)	2015年07月15日 11時59分
質問 (Question)	『あしながおじさん』の著者、ジーン・ウェブスターについて調べたい。 特に『続 あしながおじさん』を書いた頃の作者の生活背景など。 著者の伝記や、作品の評論本などはあるか。				
	■930.3(自館NDC：英米文学作家研究)書架をブラウジング 　→なし ■キーワード「ジーン・ウェブスター」・「あしながおじさん」で、自館の図書館システムを検索 　→1冊にまとまった作家研究は見つからない ■件名「児童文学－辞典」、「文学－歴史」、「文学・930」で、自館の図書館システムを検索 　→S909・902の棚をブラウジング、及び他館より取寄せ ≪以下①～③の資料に、略歴と生活背景の記載あり≫ 　① 『世界児童・青少年文学情報大事典　第2巻　ウェ－オ』　S909禁帯(自館請求記号　以下同様) 　　P22～25　「ウェブスター, ジーン」の項： 　　略歴、学歴、職歴、作者情報、日本語訳の著作一覧、他に英語表記で著作、映画化・舞台化、参考文献が載っている。それによると、「身体障害者の学校や施設に教えに出かけたが、そこで、恵まれない子どもたちが世間的に成功できない理由は見当たらない」との確信を抱くにいたり、ユーモアと現代的な精神でこのテーマを『足長おじさん』に書くことになる」とある。 　② 『二〇世紀女性文学を学ぶ人のために』　902 　　P164・165 「ジーン・ウェブスター『あしながおじさん』(辻英子)」 　　「福祉事業にも強い関心をもち、感化院や孤児院を視察し、生涯、小説の執筆と並行して社会施設改善のために尽力した。本作(あしながおじさん)からも、社会の底辺にいる子どもたちにそそぐ作家の眼差しが				

レファレンスカウンターが便利と聞いても、いざ利用するとなると躊躇（ちゅうちょ）する人もいるでしょう。そんなときには、レファレンス協同データベース事業の公式ツイッターを覗いてみましょう。全国の問い合わせ事例が随時ツイートされています。「こんなことも聞いてもいいんだ」「こんな聞き方でも答えてもらえるんだ」ということが、よくわかります。ツイッターをフォローしておけば、季節にあった事例なども紹介されます。

「国立国会図書館関西館図書館協力課」
https://twitter.com/crd_tweet

他施設の資料が借りられる

　探している資料がどこかの大学や研究所にしかない場合、閲覧は断念しなければと思いがちですが、地域の公立図書館を通じて依頼すると、限定的に利用が許可されることがあります。外部施設との提携内容は自治体によって違うので、最寄りの図書館のウェブサイトで確認するか、直接問い合わせてみてください。

　普段から最寄りの図書館を下見しておくのもよいでしょう。えてして入館するなり検索端末に突進しがちですが、書棚の前に立って見回すことで、思いもかけない資料が見つけられることもあります。神奈川県立川崎図書館の司書、高田高史さんはインタビューの中でこのように言っています。

　「『探している本が一カ所に集まっているとは限らないので、図書館のどこにどんな分野の本があるのか、ざっと把握しておくといいでしょう』
　そのために高田さんがおすすめなのが"図書館ぶらぶら散歩"。それはスーパーマーケットを巡る感覚と同じなんだという。

『カレーライスに使う鶏肉を買うため、スーパーマーケットへ行ったとします。どうやって探しますか？たぶん肉売り場の鶏肉コーナーに行ってカレー用チキンを見つけるでしょう。どの棚の何段目にカレー用チキンがあるかという正確な情報はなくても、スーパーのだいたいの配置、たとえば野菜コーナーの後に鮮魚が来て、次に精肉が来て、最後が乳製品……というのを把握しているから、ほしいものがどこにあるかわかる。図書館も似ているんですよ。』（以下略）

THE BIG ISSUE JAPAN 140号「特集『調べる！』：知りたい、調べたい！は冒険。はやる心おさえ、"図書館ぶらぶら散歩"」

図書館の端末では、なかなかお目当ての情報が見つからないことがあります。わたしたちが普段使い慣れているGoogleとは検索の仕組みが違うためです。場合によっては、自宅のパソコンで欲しい資料の目星をある程度つけ、さらにできれば地元の図書館の検索サイトで所蔵や貸出の状況も調べ、メモを持って図書館に行くと良いでしょう。図書館によってはパソコンの持ち込みが可能なところもあり、その場で調べられることもありますが、禁止されているところもあるので事前に調べておきましょう。

準備7割

「準備ばかりで、なかなか訳し始めないなあ」とお思いの方もあるかもしれません。実はそこがポイントです。「準備7割」という言葉もある通り、翻訳においては事前の準備が大切なのです。翻訳者は、必ず事前準備をしてから訳出作業に取りかかります。

課題の提出期限や仕事の納期のことを考えると、とりあえず何で

もいいから日本語にしておきたいという気持ちになりがちです。しかし逸る気持ちを抑えて、先に準備をしておくほうが、結果的には早く仕上がるということもあるのです。

今回、例にとったのは文芸作品でしたが、違う分野を志す皆さんも、それぞれ自分の分野に置き換えて読んでいただければ、必ず作業の役に立つはずです。どんな分野でもまず初めに、このようなポイントを押さえておくと良いでしょう。

読者対象	性別・年齢 知識レベル 内容についての興味や知識
原文の素性	筆者プロフィール 目的 発表媒体
背景	事実か創作か 時代/事情 固有名詞
登場人物	背景/キャラクター/性格 人物の相関関係
「スタンダード」	手本を探し、観察し、学ぶ。
クライアント	目的・対象 好まれる訳・書式

【コラム】読むトレーニング

翻訳にまつわる格言のひとつに「読めてないものは訳せない」というのがあります。もうひとつ、最近考え出したのが「読めてるつもりが読めてない」です。では「読める」というのはどういうことでしょうか。

読むというのは、ただ、知らない単語・わからないところを辞書で引き引き、余白にメモを書き込みながらするものではありません。これは学生時代の「英文解釈」の読み方であり、翻訳の読み方ではありません。

翻訳における「読む」とは、本章で説明したように背景や文脈を把握し、次章で高橋聡さんが紹介するようにさまざまな辞書を引いて意味を理解する一方で、一歩引いたところから全体像をつかむという、「寄ったり引いたり」の作業のことを言います。初心者は得てして近視眼的になりがちですが、俯瞰でものを見ることも大切です。

「引いて」見るためには訓練が必要ですが、逆に言えばその能力は訓練で身につけることができます。英語圏の子どもたちは小学校からアウトライン（Outline）という概念を学びます。これは作文の骨組み、あるいは設計図のようなもので、作文の授業ではまずアウトラインを書いて先生に提出し、論理展開に矛盾はないか、訴えたいことが効果的に訴えられているかを見てもらいます。何度かの修正の後、先生のOKが出たら、今度はそこに肉付けをしていき、作文を完成させます。読解の授業ではこの逆で、課題文からアウトラインを拾い出して行きます。

翻訳者もこの訓練をすると、まず作品全体の構造がわかるようになります。また、全体の中のどこが重要で、どこがさほど重要でないかが見分けられるようになりますから、訳文でそれを再現できるようになります。

トレーニングには、英語圏の小中学生用の国語のテキストや、日本の大学受験用の「パラグラフリーディング」の本が役立ちます。拙サイトでもいくつかご紹介していますのでご覧ください。

「翻訳者の薦める辞書・資料」 http://nest.s194.xrea.com/lingua/

レッスン3

辞書を使いこなす

高橋 聡

　翻訳者にとって必須なのは何と言っても辞書でしょう。では、数ある中からどのような辞書を揃え、どのように使い分ければいいのでしょうか？　具体例をたっぷり使って説明します。

1　はじめに

翻訳者にとっての辞書

　世の中でいちばんたくさん辞書を引くのは、一部の研究者を除けば、きっと翻訳者でしょう。

　英和辞典はもちろん引きます。どんな英和辞典がいいでしょうか。専門用語も含めて、単語がなるべくたくさん載っている大辞典？そうですね、理由は収録語数だけではありませんが、たしかに大辞典は必要です。では、大辞典があれば中辞典や学習辞典は必要ないかというと、そんなことはありません。文法や語法を確認するときは、むしろ学習辞典のほうが活躍します。翻訳者がなぜ学習辞典なんか引くのか——その答えは、本章をお読みください。和英辞典はどうでしょう。日英翻訳をするときには頻繁に使いますが、英日翻訳のときにもおもしろい活用方法があります。

　英英辞典は、翻訳のスキルが上がってくるほど必要性を感じるようになるはずです。私たち翻訳者が重宝するのは、中辞典や学習英英辞典、特に「非英語圏の学習者向けに作られた学習英英辞典」です。類語辞典も、言葉選びに慎重になってくるほど、使用頻度が増えてくる辞書です。微妙な英語の違いを知るには英語の類語辞典が必須ですし、訳語選びの段階なら、日本語の類語辞典が頼りになります。

　国語辞典もたびたび引くといったら意外ですか？　日英翻訳なら原文の正しい解釈のために、英日なら的確な言葉を選ぶために、国語辞典を引かないということはありえません。

　早い話、自分が翻訳するソース言語とターゲット言語に関わる辞書であれば、総動員と言えるほど辞書を引いているということです。そして、辞書が電子データになってからは、そんな総動員の環境もだいぶ整えやすくなりました。本章では、そんな「翻訳者として活

用したい辞書の世界」についてご案内します。

本章で取り上げる辞書とその略語は、以下のとおりです。

• **本書で取り上げる辞書一覧**

<small>「三大英和大辞典」と呼ばれる3冊</small>

	略　称	辞　書　名
英和・和英辞典（一般）	新英大	研究社 新英和大辞典 第6版 ←
	新和英大	研究社 新和英大辞典 第5版
	G大	大修館書店 ジーニアス英和大辞典 ←
	RHD2	小学館 ランダムハウス英和大辞典 第2版 ←（ただし、電子版は『ランダムハウス英語辞典』として発売されていた）
	リーダーズ3	研究社 リーダーズ英和辞典 第3版
	うんのさん	ビジネス技術実用英語大辞典 V5（用例ファイルを含む）
英和・和英辞典（学習）	G4	大修館書店 ジーニアス英和辞典 第4版・和英辞典 第3版
	G5	大修館書店 ジーニアス英和辞典 第5版
	ウィズダム	三省堂　ウィズダム英和辞典 第3版
	オーレックス	旺文社 オーレックス英和辞典
英英辞典（一般）	OED	Oxford English Dictionary 2nd Edition
	AHD	American Heritage Dictionary 5th Edition
	RHWD	Random House Webster's Unabridged Dictionary
	Web 3rd	Webster's Third New International Dictionary, Unabridged
	ODE	Oxford Dictionary of English 3rd Edition
	MW-Col	Merriam Webster Collegiate Dictionary 11th
	WordNet	WordNet 3.1

英英辞典（学習）	OALD8	Oxford Advanced Learner's Dictionary 8th Edition
	LDOCE5	Longman Dictionary of Contemporary English 5th Edition
	COBUILD	Collins COBUILD Advanced Learner's English Dictionary 2006
	MED2	Macmillan English Dictionary For Advanced Learners 2nd Edition
	CALD3	Cambridge Advanced Learner's Dictionary 3rd Edition
	OLT	Oxford Learner's THESAURUS
国語辞典	学研	学研国語辞典 第2版
	精選	小学館 精選版 日本国語大辞典
	岩波	岩波国語辞典 第七版
	明鏡	明鏡国語辞典 第二版
	ベ表現	ベネッセ 表現読解国語辞典
	日シソ	日本語大シソーラス

翻訳者として辞書を引くという意識

　さて、言葉というのは、完全な不定形とは言いませんが、多面体のようなものです。しかも、面の数と構成は容易に変化し、その見え方、聞こえ方、手触りは地域や社会によって、ときには個人レベルでさえ違っています。ひとつの言語文化の中で、そんな多面体の特徴をできる限り最大公約数的に取り出そうと試みた成果物が辞書です。それでも、多面体のとらえ方はけっして同じになりません。言葉の意味を「語義」と言いますが、辞書に書かれている説明は「語釈」つまり「語の解釈」と呼ばれるくらいで、必ず編者の解釈が入っています。それが辞書ごとの「個性」であり、中立公正な辞書というものは存在しません。

　辞書を複数、しかもできるだけ多くそろえたほうがいい最大の理

由はここにあります。どんな辞書も多面体のひとつの面（ときにはその一面の一部）をとらえたものにすぎないので、その部分的な「語釈」をいくつか集めていってようやく全体像が見えてくる感じです。そして、これは国語辞典でも英語（＝英英）辞典でも変わりません。国語辞典と英語辞典の例をひとつずつ挙げます（辞書名の略記については、p.89-90 のリストを参照）。

傾向
[物事の性質・状態などが] ある方向にかたむいていること。ある方向に向かって進もうとする物事の動き。そうなりそうなけはい。【学研】
ある方向・態度に傾くこと。傾き。特に、左翼思想に傾くこと。【岩波】
①性質や状態がある方向にかたむいていること。また、そのかたむき。②（略）【明鏡】
物事の状態・性質などが全体としてある方向に向かっていると判断されること。②（略）【大辞林】

このように、語義の切り取り方も説明もさまざまです。この例では特に、学研の「そうなりそうなけはい」という記述と、大辞林の「〜と判断されること」のひと言が、なるほどと感じさせられます（大辞林には、③、④の語義もあり）。

cordial
(formal) pleasant and friendly 【OALD8】
friendly but quite polite and formal 【LDOCE5】
3a: sincerely or deeply felt 3b: warmly and genially affable 【MW-Col】

1. courteous and gracious; friendly; warm.　3. sincere; heart-felt.【RHWD】
1: diffusing warmth and friendliness　2: politely warm and friendly　3: sincerely or intensely felt【WordNet】

　上の２つが学習辞典、下の３つは一般辞典です。friendly あたりは共通していますが、「丁重、礼儀」の観点が少しずつ違います。

　「多面体の一部でしかない」という性質は、英和・和英のような二言語辞書にも当然ついてまわります。英和辞典に記述できるのは、多面的な英単語のごく一部をとらえ、それにできるだけ近い日本語を当てはめた断片にすぎません。英和辞典に載っているのはあくまでも「訳語」であって「語義」ではない、とよく言われるとおりです。英和辞典をいくら調べても隔靴搔痒で、訳語を決められない……翻訳者であれば必ず経験することでしょう。

　だからといって、「英和には限界があるので、とにかく多くそろえよう」と辞書の頭数をそろえ、串刺し検索で次々と「訳語を探し」ているとしたら、辞書を十分に活用できていないのかもしれません。先ほどの cordial を英和辞典で引いてみましょう。

cordial
1a 心からの, 真心こめた（hearty）；誠心誠意の（sincere）, 心温まる（warm）【新英和大】
《正式》心からの；〈関係・雰囲気・会議などが〉友好的な；心底からの,（感情的に）深い【G5】
《かたく》〈雰囲気・人・関係などが〉友好的な（！ friendly より形式的）；心からの【ウィズダム】

このように、英和辞典はまず訳語をできるだけ多元的に並べ、しかもカッコ書きで可能なかぎりの補足に努めています。ここでは用例を割愛しますが、用例でもさらに補強しようとする工夫があります（ただし、LDOCE5 にある "but quite polite and formal" や、RHWD にある "courteous" という含みまでは、どれにも十分には書かれていません）。

　つまり、辞書というのは、用語集のように「調べて訳語を見つける」ものではなく、「語義、解説、用例まで読んで自分で訳語を考える」ための資料だと考えなければなりません。翻訳者である以上、辞書にはそういう前提で接してください。これ以降も、便宜的・慣用的に「引く」と書くことにはしますが、つねに「引く＝読む」であることをお忘れなく。

読むときの辞書、考えるときの辞書、書くときの辞書

　レッスン1の座談会に「ワンパスではだめ」というキーワードが出てきます。あやふやな理解のまま「訳語を見つけ」ようとして辞書に当たっているのが、このワンパスです。実際の翻訳では原文を読む入力の段階から、訳文を書く出力の段階まで、語義を確かめては頭の中で何度もフィードバックを繰り返す。そういうプロセスが必要なはずです。

　たとえば、"hotbed of intellectual activity" という表現がありました。hotbed を引くと、どの辞書を見ても「温床」という訳語が出てきます。「温床」というのは、日本語でもどちらかというと犯罪など悪いものについて言います。英英で hotbed を引いてもやはり "especially of something bad" のような説明のつくものが多数派です。では、おおかたの辞書に悪いイメージで書いてあるのだから「温床」と訳してしまっていいものでしょうか。原文に戻ってみると、大学時代に所属していた研究所のことを回想した言葉だとわ

かりました。いくら何でも「温床」は合わないでしょう。でも、もしかしたら、学生時代にやった無茶をやや露悪的に言ったのかもしれません。というように、その時点で読み方にフィードバックがかかるわけです。じゃあ、日本語でそんな語感を伴う言葉はないだろうか……。

そんな風に、原文と複数の辞書の間を何往復もしながら、原文の表している事柄から「絵」や「動画」を作り、それを少しでも適切（と思われる）言葉で表す。それが、辞書を引くということです。翻訳者に必要な辞書環境とは、こういうフィードバックをスムーズに実現するための道具であることを忘れないでください。

2　翻訳者にとって理想的な辞書環境

こうしたフィードバックループをえんえんと繰り返しながら、翻訳者は訳文を紡ぎ出します。そのために、一日に何十回も何百回も辞書を引くわけですから、その部分を効率化したいと考えるのは当然でしょう。そんな要求から翻訳者のPC上に生まれたのが、「辞書ブラウザ＋辞書コンテンツ」という辞書環境です。辞書を独立のアプリケーションとしていくつも起動するのではなく、辞書ブラウザをひとつだけ開き、その上で何種類もの辞書コンテンツを一気に引く使い方です。これを「串刺し検索」と呼んでいます。

辞書ブラウザは、翻訳作業をしているPC上でそのまま使えます。キーボード上で単語を入力してもいいし、原文が電子データ（WordファイルやPDF）であれば、調べたい単語をコピーして検索することもできます。さらには、「原文上で語句をコピーし、辞書ブラウザの検索ウィンドウに貼り付けて検索する」という操作を最小限で実現する工夫も生まれています。WordマクロやAutoHotKeyといった

ツールとの組み合わせです(コラムを参照)。

> **【コラム】辞書引きの自動化**
>
> 　一回一回はほんの数ステップでも、一日に何百回も繰り返す操作は自動化すると作業の効率アップにつながります。Word のマクロや、AutoHotKey という簡易プログラミング言語を使うと、辞書引きや Web 検索といった日常的な操作を自動化できます。ここで詳しくは書けませんので、情報源だけ紹介しておきます。
> みんなのワードマクロ (http://ameblo.jp/gidgeerock/)
> ・翻訳作業で便利に使える Word マクロの情報が満載。
> 東京ほんま会 (https://tokyohomma.wordpress.com/)
> ・翻訳や翻訳ツールに関する勉強会を不定期で開いています。
> 翻訳者のためのマクロ勉強会 (http://translatorsmacro.jimdo.com/)
> ・東京ほんま会の母体となった大阪の勉強会です。

いろいろな辞書の形態

理想的な辞書環境を築くために、そもそもどんな形態の辞書があるのか、ひととおり確認しておきましょう。

a) EPWING 規格辞書

辞書ブラウザに登録して使える辞書コンテンツとしては、EPWING という規格に準拠した製品が、長い間一般的でした。1990 年代以降、『新英和大辞典 第 6 版』(新英和大)、『ジーニアス英和大辞典』(G 大)などの大辞典をはじめ、『広辞苑』や専門辞書に至るまで、数多くの辞書タイトルがこの EPWING 規格で販売されていました。そして、その規格に対応したデータを登録して使える辞書ブラウザアプリケーション (p.101 を参照) がいくつも開発されました。しかも、『ランダムハウス英語辞典 第 2 版』など、EPWING 規格にならなかった辞書にも辞書ブラウザ側が独自に対

応したり、有志が開発したEPWING規格への変換スクリプトが公開されたりしています（変換スクリプトは、あくまでも製品データを持っているユーザーが変換するためのツールであり、著作権に抵触するものではありません。念のため）。

しかし、そのEPWING規格が最近はすっかり下火になってしまいました。もともと、辞書市場というのはそれほど大きいものではなく、ましてEPWINGのような共通規格の辞書を求めるのは、翻訳者と一部の研究者だけだったのかもしれません。世間一般的には、それより電子辞書端末の需要のほうが大きくなっていったようです。

EPWING規格が顧みられなくなった背景には、ライセンスの問題もあったのだろうと推測しています。単独のアプリケーションであれば、シリアルキーなどでライセンスを管理して不正な利用を防止できますが、EPWING規格のデータにそういった仕組みはなく、何人でも簡単にデータをコピーできてしまいます。翻訳会社でひとつだけ購入して全員が使う、翻訳者どうしが共有するといった使い方が、残念ながら横行していたようです。標準規格の凋落は、ユーザー側にも問題があったと言えるでしょう。

b) LogoVista辞書

一方、EPWINGのようなオープン標準ではないものの、一貫して共通フォーマットで辞書タイトルを出し続けているのが、LogoVista（ロゴヴィスタ社）です。リーダーズ3やG5など、新しいタイトルも次々と追加されています。LogoVista辞書を串刺し検索できる独自の純正アプリケーションも提供されていますが、ありがたいことに、主要な辞書ブラウザはLogoVista辞書データも読み込めるように作られています。しかし、LogoVistaもやはり不正コピー防止という営業上の防衛策からか、フォーマットを少しず

つ変えるようになりました。リーダーズ3はLogoVista専用ブラウザ以外では表示が不完全になり、G5はまったく読み込めません。

c）独自形式のCD/DVD-ROM辞書

　共通規格ではなく、それぞれを独立のアプリケーションとして起動するタイプです。英和・和英には多くありませんが、Oxford系、Longman、Collinsなど英英辞典はすべてこのタイプです。ばらばらなので「串刺し検索」はできませんが、2つの対処方法があります。

　ひとつは、「かんざし」というアプリケーション（http://uchi-com.jp/kanzasi/）を使う方法です。使いたい辞書をこのアプリケーションに登録しておけば、「かんざし」のインターフェースに1回入力するだけで、すべての辞書を引くことができます。「かんざし」はEPWING規格の全盛期時代に同規格以外の辞書を引くために開発されたアプリケーションですが、最近また新しいバージョンがリリースされました。

　もうひとつは、辞書ブラウザLogophileを使う方法です。すべての独自辞書に対応しているわけではありませんが、筆者は重宝しています。詳しくは、p.104を参照してください。

d）電子辞書端末

　電子辞書端末は、多くの辞書タイトルを収録することで人気を集め、かなりの市場を形成するようになりました。辞書を作っている各出版社にすれば、EPWINGのようにユーザー数に限界がある商品をやめ、売れているプラットフォームにデータを提供するのは当然の流れでしょう。しかし、翻訳者にとって端末タイプは（筆者も含め）魅力に欠けていました。辞書ブラウザと違って、PC上で直接操作できず、端末上の小さいキーボードで単語を入力する必要があるからです（移動の多い通訳者の間では一定の需要があるようで

す)。

　その不満を解消してくれたのが、セイコーインスツル（SII）社の製品でした（「デイファイラー」シリーズなど）。PASORAMAというアプリケーションが付属し、PCと辞書端末をUSBケーブルで接続すると、端末の辞書をPC上で引くことができます。特に、当時まだ書籍版しかなかった『リーダーズ英和辞典 第3版』を初めて収録し、『精選版 日本国語大辞典』まで入った最上位機種「DF-X10001」は、翻訳者のあいだで大評判になりました。翻訳フォーラムでも、2014年3月のシンポジウムではSIIに製品紹介をお願いしたほどです。

　ところが、それから半年も経たないうちにSIIは電子辞書ビジネスからの撤退を発表（実際の撤退は2015年3月末）。このときの衝撃は大変なものでした。発表があったときに調べてみたのですが、電子辞書端末の市場シェアは、カシオが51％と圧勝、それにシャープ（30％）、キヤノン（10％）と続き、SIIは相当苦戦していたことがわかりました。PASORAMAが翻訳者の間で絶大な人気を誇ったとはいえ、世間一般的にはやはり相当マイナーな市場だったことになります。[1]

e) オンライン辞書

　辞書の編集にどれだけ時間がかかるものか、『舟を編む』（三浦しをん著）を読んだ、または映画を観た方ならおわかりでしょう。編集作業が紙からコンピューターベースになって、だいぶ効率は上がりましたが、書籍やCD/DVD-ROMという固定の媒体で発行し、改訂し続けるのは大変です。それに比べれば、辞書をオンラインで提供するというのは確かに合理的です。すべてをここで紹介するこ

1　詳しくは、http://baldhatter.txt-nifty.com/misc/2014/10/sii2-ca82.html

とはできませんので、おおむねの傾向を記すにとどめます。

英和・和英については、無料で利用できるサイトもありますが（英辞郎、Weblio、goo などのポータル）、それだけで翻訳に足りるはずもありません。しかし、次に挙げるような有料サービスを利用すれば、そこそこの部分までまかなえます。最新情報になると、むしろオンラインのほうが早い場合もあるくらいです。

三省堂 Web Dictionary（http://www.sanseido.net/）
研究社 Online Dictionary（https://kod.kenkyusha.co.jp/service/）
ジャパンナレッジ（http://japanknowledge.com/personal/）

英英は、オンラインでも十分と言えるくらい充実しています。この章で取り上げている英英辞典の多くは、出版社（Oxford、Longman、Collins、Merriam-Webster など）がオンラインの無料版でもほぼ同じ情報を提供しています。ただでこんなに使えていいのかと感心するくらいですが、それはやはり英語が世界語だからなのでしょう。特に、外国語として英語を学習する人口は今も圧倒的に多い。その層に向けて「英語を正しく話す・読む・書く」ための情報を発信するのは自分たちの使命なのだ——そんな責任感と気概が、どのサイトでも感じられます。ここでは、オンラインの英英を2つだけ紹介しておきます。いずれも、PC 向けのデータは市販されていません。

American Heritage Dictionary（AHD）
（https://www.ahdictionary.com/）無料。米語の語法についての解説が詳しいことで有名です。

Webster's Unabridged
（http://unabridged.merriam-webster.com/）有料。OED と並び称せられ、米語辞典としては最大の *Webster's Third New International*

Dictionary, Unabridged のオンライン版であり、しかもデータが更新され続けています。

英英オンラインサイトについては、拙ブログの記事（http://baldhatter.txt-nifty.com/misc/2015/09/post-6cff.html、http://baldhatter.txt-nifty.com/misc/2015/12/merriam-webster.html）もどうぞ。新語を引いた場合の特徴を説明しています。

f) アプリ辞書

そういう時代なんですね。EPWING 規格など PC 向けのデータが減る一方で、iOS や Android といったモバイル OS 向けのアプリが次々とリリースされています。AHD や ODE のように、PC 用データの販売がなくアプリしか売られていないタイトルもたくさんあります。ジーニアス英和で最新の G5 も、LogoVista からアプリ版が出ています。そもそも学習英和は、プログレッシブ（小学館）、ウィズダム（三省堂）、オーレックス（旺文社）など、アプリ版しかないタイトルばかりです。最大のターゲットと思われる高校生・大学生の需要があるのでしょう。

翻訳者にとって、アプリ辞書の限界は電子辞書端末の場合と同じです。つまり、PC のキーボードから手を離して入力しなければならないということ。かつての PASORAMA のように、モバイル OS 上のアプリを PC 上で引くためのソフトウェアなども存在しますが、まだ発展途上です。これからの展開を期待しています。

g) 紙の辞書

最後ですが、まだまだ紙の辞書も無視するわけにはいきません。特に、一部の国語辞典と特殊な辞典は、なかなかデータ化されない傾向があります。筆者の手元にあるものでは、『ベネッセ表現読解

国語辞典』や集英社『国語辞典』などの国語辞典、『基礎日本語辞典』（角川学芸出版）や『てにをは辞典』（三省堂）、『日本語 語感の辞典』（岩波書店）などの特殊辞典がそうです。

　かつて、私たちは「紙の辞書を引くスキル」を持っていました。アルファベット順でも五十音順でも、なじんだ辞書ならかなり手早く引けていたはずです。ときには、その感覚を思い出しながら「辞書を読む」のもいいと、最近あらためて感じています。

辞書ブラウザ

　以上まとめたように、辞書の形態は多様化していますが、やはりPC上で複数の辞書をまとめて引くというスタイルが、翻訳者にとっては基本です。「辞書ブラウザ＋辞書コンテンツ」という環境を中心に、それで足りないものを他の形態で補っていくと考えればいいのではないでしょうか。

　辞書ブラウザを使うときに知っておきたいのが「インデックス」という概念です。インデックス＝索引ですから、見出しと索引の付いた分厚い参考書を調べるときのことを考えればイメージできます。主要な項目なら見出しから調べられますが、本文中から特定の語句、たとえば「仮定法」を探し出そうと思ったら、目で追って拾っていくしかありません。そこで、たいていは「仮定法 5, 6, 12-14」のように索引が用意されるわけです。索引を使えば、簡単に該当ページに飛ぶことができます。コンピューターは人間の目視よりはるかに高速に全文を頭から検索することができますが、それでも時間はかかります。本と同じように索引を利用するほうが有利なのは明らかです。そのため、辞書データにはあらかじめインデックスが打たれています。

　インデックスがどう作られているかは、辞書によって異なります。ある参考書には「仮定法」の索引はあるが「仮定法過去」の索引は

ない、みたいなものです。ということは、どんなインデックスが用意されているかによって、検索オプションも異なるということになります。

　どんな辞書でも必ずある検索オプションが「前方一致」と「後方一致」です。「仮定法」を引いたら「仮定法」や「仮定法過去」にヒットするのが前方検索。「過去」を引いたら「仮定法過去」や「大過去」にヒットするのが後方検索。そのほか、成句がインデックスになっていれば成句で検索できますし、本文中の用例やキーワードにインデックスが打ってあれば、用例などを対象にして検索を実行できます。また、最近の辞書ブラウザ（Logophile と EBWin4）では、オプションで全文インデックスを作成できるため、全文検索を高速で実行できます。古い辞書ブラウザ（Jamming, DDWin）でも全文検索はできますが、これはデータの中を総当たりする検索なので、だいぶ時間がかかります。

　インデックスは、辞書ごとに作り方や用語まで違うので、把握するのはちょっと苦労します。call off を例に引いてみましょう（図は Jamming を使用）。

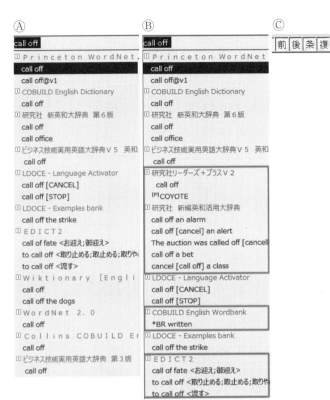

　この図で、Ⓐは前方一致の結果(最も基本の検索)、Ⓑは「一網打尽」でいろいろなインデックスを組み合わせた検索結果です。call off という成句が見出しになっている、つまり前方一致インデックスに登録されていれば、左のように基本の検索でもヒットします。が、『リーダーズ＋プラス V2』や『COBUILD English Wordbank』(COBUILD に付属する用例集) では、そのようなインデックスが用意されていないため、検索オプションを変えないとヒットしないのです。

　なお、Ⓒの図のいちばん右に [熟語] というボタンがあります (こ

の図は Jamming)。Logophile だと［成句］です。このボタンを切り替えると［AND］や［OR］に変わります。

`前 後 条 複 ク And` （Jamming の［AND］ボタン）

　成句を探したいときは［熟語］や［成句］にしておけばよさそうですが、実際には成句の途中に他の語（-self や冠詞など）が入っていてヒットしないことがあるので、［AND］のほうが探しやすいようです。
　さらに全文検索にすれば、「call off が含まれている例文」まですべてヒットします。
　どのインデックスを使えるかは、どの辞書ブラウザでもわかりやすくなっています（使えないオプションがグレー表示になるなど）。

　では、現在入手可能な辞書ブラウザを簡単に紹介しておきます。

a) Logophile
　シェアウェア（http://dicwizard.jp/logophile/）。長らく定番だった Jamming の後継ソフトウェアです（Windows 版、Mac 版あり）。機能などは Jamming とほぼ共通ですが、操作系が変わったため Jamming から移行していないユーザーも少なくありません。ちなみに、call off の例で示したスクリーンショットは Jamming のものです。Logophile では、検索結果のリストをこのような形で表示することができないため、便宜上 Jamming を例に使いました。
　全文検索インデックスを作成できますが、作成にはけっこう時間がかかり、インデックスファイルもかなり大きくなります。
　EPWING、LogoVista データ（2013 年頃より古いタイトル）を読み込めるほか、LDOCE5、LAAD2、OALD8、OLT、MED2、

COBUILD、CALD3 など独自形式のデータにも対応しているのが強みです。すべて英英ですが、どれも重要な辞書ばかりなので、筆者は Jamming と併用で Logophile もたいへん便利に使っています。

b）EBWin4

フリーウェア（http://ebstudio.info/manual/EBWin4/EBWin4.html）。最も後発ですが、今もアップデートが続いており、全文検索にも対応しました。しかも、全文インデックスの作成が高速で、インデックスファイルもあまり大きくなりません。辞書ごとに前方・後方以外のインデックスが違うことはすでに説明しましたが、EBWin4 では、辞書ごとに用意されているインデックスをすべて使う「自動検索」が便利です。たとえば、前方・後方のほかに条件検索（本文中のキーワードを検索する）が使える辞書であれば、前方・後方・条件の検索をすべてまとめて実行してくれます。また、一度たどったことのあるリンク先に「戻る・進む」機能もあるので、文中のリンクで辞書の中を移動することの多い辞書（特に、WordNet〈p.124〉）を使うときには、おすすめです。

c）DDWin

フリーウェア（http://homepage2.nifty.com/ddwin/）。開発は 2005 年で止まってしまいましたが、今でもダウンロードできます。検索機能などは Logophile、EBWin4 とほぼ同じですが、使えるインデックスがタブで動的に表示されるので、その点は見やすいかもしれません。ただし、成句を引くインターフェースが、他のブラウザに比べてかなり使いにくい点は残念です。

d）LogoVista ブラウザ

LogoVista 辞書製品に付属するブラウザです。他の辞書ブラウザ

のように、アプリケーションにデータを追加していくという形式ではないので、注意してください。LogoVista辞書を初めてインストールすると、辞書データと辞書ブラウザがセットでインストールされ、2つ目以降の辞書をインストールすると同じブラウザにデータが追加されていくという仕組みです。どの辞書もインストーラ形式になっていて、しかもインストール回数に制限があります。

機能面では、上に挙げた本来の辞書ブラウザにやや劣ります。串刺し検索に当たるグループ検索がかなり遅い、全文検索のインターフェースが使いにくいといった点です。新しく発売されるLogoVistaタイトルはこの専用ブラウザでしか使えないのですから、今後はブラウザの機能向上も期待したいところです。

3 辞書を引くための基本知識

序文と凡例

どんな辞書にも、序文(まえがき、はしがき)と凡例(使い方)が載っています。辞書を買ったら、やはり一度は目を通しておきたいところ。ここでも「翻訳者として辞書を引く」という意識が重要です。もっとも、凡例はかなりの辞書で共通点も多いので、辞書ごとに特徴的な規則だけまずおさえておき、本文を読んでいて疑問に思ったら参照する、くらいでもいいでしょう。

序文には、辞書の編集方針が書かれています。ときには、編集主幹の熱い思いも書かれていて楽しめます。

> 語法に強い『ジーニアス英和』の伝統を引きついで, かつ大英和に必要な記述主義的な観点から, 語法解説を強化した。語法辞典をかねた英和大辞典といえる。

これは、『ジーニアス英和大辞典』（G大）の「はしがき」です。ここに書かれている『ジーニアス英和』とは、学習英和辞典である『ジーニアス英和辞典』（初版が1988年、最新版が2014年のG5）のこと。つまり、ジーニアスシリーズは、学習辞典を先に作り、あとから大辞典を作ったということになります。G大が、大辞典でありながら語法解説にも詳しいのは、こういう編集方針があったからなのでした。

　凡例のなかで、ひととおり確認しておきたいのは、記号や略語です。
　名や形、adj. や adv. といった品詞ラベル、動詞の場合なら[自]/[他]またはvi./vt.の区別、名詞なら[可算]/[不可算]または[U]/[C]。このあたりは、どの辞書でもほぼ共通しているので大丈夫でしょう。
　《英》、《米》、《豪》などの地域別、《古》、《文》、《俗》や、LITERARY、OFFENSIVEなどのスピーチレベルも無視できません。原文の理解から、最終的な訳語の選択にまで影響します。
　[SVO]、[SVOO]のような文法情報はおなじみだと思いますが、V n, V n n, also V n for n となっていたらどうですか。これはCOBUILDのルールで、小文字のn、つまり名詞を目的語にとることを表しています。
　形容詞の[限定]/[叙述]、[A]/[P]はどうでしょうか。[限定]または[A]（= attributive）は、名詞を前から修飾すること、[叙述]/[P]（= predicative）は補語として用いられることを示します。COBUILDの場合、[限定]に当たる用法はADJ n、[叙述]に当たる用法は v-link ADJ と書かれています。LDOCE5とOALD8では、[限定]の場合についてのみ[only before noun]という補足が付きます。

英英では、to discover sb/sth のような略語もよく使われます。sb = somebody、sth = something ということ。

幸い、こういった文法情報や語法情報のかなりの部分は、見ればわかるように工夫されています。しかし、「辞書を読む」のではなく「訳語を見つける」という意識でいると、せっかくの貴重な情報もすべて見過ごしているかもしれません。そういう意味でも、辞書は「読む」ものと心得ましょう。

辞書ブラウザごとに、序文と凡例の見方を書いておきます。

Jammingでは、［検索方法］→［メニュー］を選択します。「メニュー」としてまとめられているなかに、聖書書名の略号（新英和大）や世界史年表（新和英大）、各国の略号と国際電話番号（G大）など、各種の付録コンテンツも見られます。これ、存在に気づいていない人が多いかもしれません。

LogophileとEBWin4では、［検索］→［メニュー］を選択します。DDWinでは、メニューに当たるコンテンツがある辞書でだけ［メニュー］というタブが増えます。LogoVistaブラウザでは［ヘルプ］→［凡例を開く］です（［検索］→［メニュー検索］もあるのですが、機能しないことがあります）。

オンライン辞書では序文や凡例が載っていないことも多く、アプリ辞書では、アプリの作り（製造元）によって、どこに載っているかはばらばらです。

英文法

翻訳者である以上、一般的な英文法情報は読み取れるはずですが、英語で書かれていても大丈夫でしょうか。COBUILDでhoweverを引いてみましょう。

> **however**
> 2 ADV ADV adj/adv, ADV many/much emphasis
> （例文略）
> 4 ADV ADV many/much, ADV adv vagueness
> You use however in expressions such as or however long it takes and or however many there were to indicate that the figure you have just mentioned may not be accurate.

　ADV adj/adv は、形容詞か副詞の前に使うことを表します。説明文の中で adjective や adverb という文法用語が使われることもあります。辞書ごとの特徴もあるので、凡例と併せて文法情報を確認しておくといいでしょう。

日本語文法

　国語辞典を引くために知っておきたい文法事項があります。『基礎日本語辞典』や『精選版 日本国語大辞典』などで、助詞や助動詞の細かい用法などを調べるときは特にそうですが、少なくとも、まず

　・自動詞と他動詞の区別
　・形容動詞（または「ナ形容詞」）の種類

だけは読み取れるようにしましょう。

　たとえば、「向上する」というサ変動詞（この用語は大丈夫ですか？）の使い方はときどき話題になりますが、国語辞典を引けば、自動詞であることがわかります。したがって、

　　成績が向上する

とは言えても、

　　×成績を向上する

とは言えない。そういうことを辞書の情報から読み取る必要があり

ます。では、「発生」はどうでしょうか。

《名・ス自他》起こること。生ずること。生じさせること。【岩波】
《名詞 動詞 サ変 自》（物事や現象などが）起こること。【ベ表現】
《自他サ変》ある現象や物事が生じること。また、ある現象や物事を生じさせること。
　［語法］「〜を発生する／発生させる」では後者が一般的。「〜を発生する」は、「この物質は燃やすとダイオキシンを発生する」のように、自然に生じるものに限られる。【明鏡】

岩波では自・他どちらもあるとしか書かれていませんが、明鏡を見ると、もう少し詳しい使い方が説明されています。

今度は、「異常」、「異状」、「異例」、「異質」を引いてみましょう。

異常
《名・ダナ》普通またはいつもと違って、どこかくるっていること。【岩波】
《名・形動》普通と違っていること。正常でないこと。アブノーマル。【明鏡】
異状
普通（いつも）と違った、何か変わった状態。【岩波】
名 普通と違う状態。異常な状態。【明鏡】
異例
いつもの例と違うこと。例のない、珍しいこと。「—の昇進」【岩波】
《名》ふつうの例とちがうこと。前例がないこと。【明鏡】
異質
《名ノナ》性質の違うこと。「—の文化」「—なものがまじる」【岩波】

《名・形動》他と性質が違うこと。「日本とは—の文化」「—なものが混入する」【明鏡】

　こういう漢語（熟語）には、①名詞としての用法、②「〜の」という修飾語になる用法、③「〜な」という修飾語になる用法などがあります。ちなみに、③は「きれいな」などと同類で、学校文法ではだいたい形容動詞として教わりますが、最近は「ナ形容詞」と言うことが多いようです。そして、①〜③のどの用法で使えるかは、熟語ごとにおおむね決まっています。

　この用法を知りたいとき、岩波の用法ラベルが参考になります。《名・ダナ》というのは、①と③の性質を持っていることを示します。《名ノナ》は、①〜③すべてに使えるもの。ラベルなしは①のみです。明鏡のラベルは、《名》か《名・形動》だけで、「〜の」修飾の形は例文で語っています。各辞書、特徴があるのでよく読みましょう。それぞれの情報を正しく読み取れば、次のような用法がわかるわけです。

　○異常をきたす―①、×異常の行動―②、○異常な行動―③
　○異状なし―①、×異状の行動―②、×異状な事態―③
　○異例の昇進―①、×異例な昇進―③
　○（〜と）異質の文化―②、○異質な文化―③

　ただし実際には、「少納言」（http://www.kotonoha.gr.jp/shonagon）のようなコーパス（実在の用例のデータベース）を調べると、「異例な」という用例も見つかります。つまり、国語辞典ではまだ非標準とされているものの、日常的なレベルではこの形も絶対に間違っているとは言い切れないということなのでしょう。自分の訳文にどちらを使うか、そこは文種や文体をふまえて、あらためて判断しなければなりません。

4　辞書の特徴

　すべてを取り上げることはできませんが、翻訳者にとって定番の辞書の一部について、特徴をあらためて紹介します。

英和・和英辞典（一般）

a)『ランダムハウス英和大辞典』第 2 版と
　Random House Webster's Unabridged Dictionary

　三大英和大辞典のうち、最後の改版が最も古いのが『小学館 ランダムハウス英和大辞典 第 2 版』（RHD2）です（1994 年発行）。固有名詞などの百科辞典的情報が多いことで有名でしたが、ネット検索が当たり前になった今となっては、特色としてやや薄れてしまいました。そのほか、「いろいろ載っているので頼りになる」というのが一般的な認識のようですが、RHD2 の大きい特徴は「語義分類の細かさ」です。

　たとえば名詞の party については、下位分類まで含めて数えると、RHD2 が 19 項目、G 大が 7 項目、新英和大が 15 項目です。分類が細かいほうがいいとは限りませんが、言葉という多面体のとらえ方として大きな特徴ではあります。訳語を見つけたいときに頼りになるというのも、こういう編集方針のためでしょう。逆に、ある言葉のコアの概念とかイメージを把握するには向いていないかもしれません。

　RHD2 のもうひとつの、というより最大の特徴は、英和大辞典のなかで唯一、英英大辞典からの翻訳ものだということです。ただし、単に翻訳するだけではなく、日本語版を編集する段階で語義や用例に、さまざまな独自の工夫が取り入れられています。元になっ

た英英辞典は、タイトルが少し変わりましたが *Random House Webster's Unabridged Dictionary*（RHWD）として今も販売されています。日本語版である RHD2 と、その元本である RHWD を見比べると、おもしろい発見があります。たとえば、caterpillar を見比べると、日本語版編集の工夫が読み取れます。

> caterpillar
> 1. the wormlike larva of a butterfly or a moth.
> 2. a person who preys on others; extortioner.
>
> Caterpillar
> *Trademark.*
> a tractor intended for rough terrain, propelled by two endless belts or tracks that pass over a number of wheels.
> 【RHWD】
>
> caterpillar
> 1. 芋虫, 毛虫, 青虫：チョウ, ガの幼虫；かいこ. cf. WORM
> 2. (1)《C-》米国の Caterpillar 社の通称；《商標》同社で開発した無限軌道式トラクター (caterpillar tractor, cat).
>   (2)（戦車・動力シャベルなど）カタピラー, 無限軌道装置.
> 3. 強欲者；《古》他人を食いものにする人, 詐取者.【RHD2】

RHD2では、大文字で始まる商標と、その商標名から一般語になった用法（2.の(2)）が区別されています。また、1.の語義にはworm を参照する指示があり、3. には《古》というラベルが追加されています。

RHD2 と RHWD は、こんな使い方もできます。英和辞典で珍しい語義や用法を見かけたとき、G 大や新英和大、あるいはリー

ダーズ3であれば別の英英で裏をとる必要があります。RHD2とRHWDを組み合わせると、一応の裏がとれます。たとえば、こんな事例があります。

literary critics は「文芸評論家」でいいわけですが、以前この literary を「知識人ぶった」と訳した答案がありました。たしかに、そう訳せそうな訳語はいくつか見つかります。

> 3 文学的な, 堅苦しい, てらいのある【新英和大】
> 2 堅苦しい, 学者ぶった【G大】
> 5 〈人が〉学問をひけらかす, 学者ぶった; 大げさな【RHD2】

三大英和すべてに載っています。ところが、一般的な英英辞典にひととおり当たってみても、そのような語義はなかなか見つかりません。かろうじて、OED と Webster's Unabridged に見つかったほかは、

> 5. characterized by an excessive or affected display of learning; stilted; pedantic.【RHWD】

やはり、RHD2 の元本にありました。

このように、大辞典とはいえごく限られた辞書にしか載っていない語義は、どう考えるべきでしょうか。この手の形容詞は皮肉・揶揄に使われることも多そうなので、こういう使い方があるのは納得できます。その皮肉な用法を、英英の大辞典はやはり採用しており、RHD2 もそれを採用したという経緯でしょう。しかし、目の前にある英文の書き手が、はたしてそんな意図で書いているのかどうか、そこを考えなくてはなりません。

b)『新英和大辞典』第6版と『新和英大辞典』第5版

　『研究社 新英和大辞典 第6版』(新英和大) は、比較的新しい改訂で (2002年)、百科要素も積極的に取り入れていますが、やはり語の基本的な説明を読み取り、古くからの用例を参照するのに適しています。インデックスの関係で、新英和大は「前方一致」のみではなく「前＋後＋キ＋全」のようなオプションで引いたほうが、多くの情報を得られます (図は Logophile のオプションボタンを押し込んだところ)。

`前 後 キ 全 And 完 語 字 検索`

　特にありがたいのは、新和英大をこの図と同じオプションで検索したときです。キーワード検索や全文検索を実行して、ヒットした見出し (＝日本語) を示してくれます。つまり、和英辞典でありながら英和として逆引きできるということ。たとえば cordial を引くと、「厚いもてなし、隔意のない、厚誼、昵懇……」のように、英和の訳語ではまず出てこない日本語の語彙が見つかります。

　同じような逆引きは他の辞典でもできる場合がありますが、ぜひ新和英大を逆引きしたいのは、見出しや用例に使われている日本語の信頼度が高いからです。『新和英大辞典 第5版』のまえがきから引用します。

> 2. 多数の日本語教育の専門家が改訂作業の初期の段階から本格的に参加し，現在は国語辞典に収録されていないが実際には用いられていていずれ定着するであろうと思われる日本語の用例，および現代語ではないが日本人の基礎的教養として知っておくべき古い語法などをも幅広く採り入れることにより，かなりの水準の「日本語表現用例集」ともいうべきものとなりました．

レッスン3・辞書を使いこなす

4. 日本語の専門家，日本語に堪能な実務翻訳家を含む英米人執筆者，および現在英語教育に携わっている日本人執筆者の三者が絶えず意見を交換することによって，日本語の微妙なニュアンスを出来うるかぎり正確に英語に移し換えるよう努めました．作業手順としては，日本語の専門家によって採録された日本語用例の英訳を英米人執筆者のみで行い，それを日本人執筆者が元の日本語と見くらべて点検し，必要な修正を英米人執筆者に求める，という方式をとることによって生硬な日本語と英語らしくない英語の排除を図りました．

新和英大の日本語は、ここまで配慮して書かれています。紙の辞書では、これほどの日本語情報を引きだし、和英を英和として使うことはできませんでした。電子データになって初めて、このようなありがたい使い方が可能になったのです。

c) リーダーズ・ファミリー

初版（1984年）が出て以来、収録語数の多さで「翻訳者必携」の地位を保ち続けています。第2版が1999年、最新の第3版が2012年の刊行です。そのほか、初版の補遺として「リーダーズプラス」が1994年に出ていますが、気を付けたいのは、リーダーズプラスが本辞書とは別の系統ということ。第2版の編集時にプラスの内容も一部反映されましたが、第3版の編集時にプラスの内容が吸収されることはありませんでした。そのため、商品としては長らく「リーダーズ2＋プラス」が売られており、今も「リーダーズ3＋プラス」というセットになっています。

最新版のリーダーズ3が新語に強いことは言うまでもありませんが、もし旧版もお持ちの場合は、データを削除せず新旧併存をおすすめします。たとえばpopulateを両方で引くと、

…の中に場所を占める;〈市など〉の人口を構成する;住む;〈ある場所〉に居住［棲息］させる，植民する【V2】
…に住む,存在［登場］する;〈ある場所〉に居住［棲息］させる,植民する;《電算》〈データベースなど〉にデータを追加［蓄積］する;《電子工》〈プリント回路基板〉に部品を装着する;〈データを〉付け加える【V3】

このように、「最近加わった語義」だということをはっきり意識できます。旧版が古く電子データがない辞書だと、こういう比較はできませんが、たとえばG4とG5も、ときどき両方調べてみると興味深い発見があります。

英和・和英辞典（学習）

翻訳者必携というと、以上の大辞典や通称「うんのさん」(p.12)が定番ですが、ぜひ学習英和にも目を向けるべきというのが筆者の持論です。

・語義について補足説明が詳しいので、言葉の理解に役に立つことが多い
・文法・語法の情報が多く、読むときも書くときも参考になる
・専門用語でも、載っていれば解説が詳しいことが多い
・改訂の間隔が短いので新しい情報が載りやすい

学習辞典にはこのような特徴があります。以下、筆者がよく使う学習英和をいくつか挙げておきます。

a)『ジーニアス英和辞典』第4版、第5版

従来型の辞書と違い、本格的にコンピューターベースのコーパス（文例データベース）から作られた学習英和で、G大の母体でもあります。語義や文法・語法、コロケーションなどを再確認したいと

き、随所の工夫に感心させられます。また、behind や across などの前置詞の図解を見ると、新たな発見があったりします。ここでは、G4（2006年）と G5（2014年）の両方で引いた次の例をご覧ください。

> **self-fulfilling**
> 自己達成しつつある, 予定どおり成就される【G4】
> ［通例限定］自己達成の, 予定どおり成就される【G5】
> **self fulfilling prophecy**
> 自己充足的な予言【G4】
> 自己達成［成就］予言《自分でこうなると思えば無意識にそのように行動し, 結果思ったようになってしまう現象》【G5】

　self-fulfilling のほうは、［通例限定］という語法情報が増えただけですが、self fulfilling prophecy のほうは、実に的確な説明が付きました。

b)『ウィズダム英和辞典』第3版、『オーレックス英和辞典』
　どちらも iOS / Android のアプリ辞書です。語義の見せ方や、大辞典に載っていない丁寧な解説が特徴です。

> **arguably**
> 《文修飾；しばしば最上級・比較級の前で》まず間違いなく, きっと, おそらく（反対が見込まれる主張に十分な根拠があることを示す）【ウィズダム】
> 《文修飾》（しばしば最上級・比較級の前で）まず間違いなく, おそらく（反対されそうな発言に根拠や理由などを加える。絶対とは言えないが, 自分はそう信じているというニュアンスがある）【オーレックス】

訳語は似たようなものですが、解説がそれぞれとても詳しい。英英学習でも、これに近い情報は得られますが、英和でも学習辞典で十分にこういう情報が得られるという例です。

英英辞典（一般）

　英英の一般辞典は、辞書ブラウザで読み込めるデータがほぼ皆無。すべて独自形式です。そのせいか、翻訳者でもここまで引くことは少ないかもしれません。実際、筆者も OED や Web 3rd まで引っ張り出すことはそう多くないのですが、レアなケースで裏をとるときなどには、やはりあると心強い存在です。なお、最近の電子辞書端末にたいてい収録されている *Oxford Dictionary of English*（ODE）は、*Oxford English Dictionary*（OED）とは別に、Oxford が新たに作った現代版です。念のため。

a) *Oxford English Dictionary 2nd Edition*

　30,000 円くらいとかなり高価ですが、元のハードカバーがかつて何十万円という高嶺の花だったことを思えば、実にお手頃な価格です（ただし、PC の環境によってはうまくインストールできないこともあるようです。その場合、あきらめずに SNS などで相談してみてください）。あまりにも有名な辞書なので詳細は省きますが、Draft entry（確定ではなく、まだ採用候補という扱いの新しい項目）として、hacktivism のような新しい語まで入っていることも見逃せません。

b) *American Heritage Dictionary 5th Edition*

　AHD は、現代米語についての語法を Usage Note として記した情報が有名です。たとえば、flammable の語釈の後にはこういう実に詳しい記述があります。

Usage Note: Inflammable means "combustible," and has the same meaning as the word flammable. How is this possible? The prefix in- here is not the Latin negative prefix in- (which is related to the English un- and appears in words such as indecent and inglorious) but is derived from the Latin preposition in, "in." This prefix also appears in the word inflame. However, some people mistakenly think that inflammable means "not flammable." Therefore, for clarity's sake, it is safest to avoid inflammable altogether and use flammable instead.

英英辞典（学習）

英英の学習辞典といえば、COBUILD、LDOCE、OALD の 3 つが定番ですが、念のためにそれぞれの特徴を確認しておきましょう。

a) *Oxford Advanced Learner's Dictionary*

3 つのうち最も古い歴史をもつのが OALD です。戦前の日本で英語を教えていた A.S. Hornby 氏が、外国語として英語を学ぶ学習者のために編集した *The Idiomatic and Syntactic English Dictionary*（ISED）が前身で、1942 年に出版されました。のちにそれが Oxford 出版に移り、今に続く *Oxford Advanced Learner's Dictionary* が誕生します。ガイド冊子などを付けた日本版を販売している旺文社のサイトでは、「日本で生まれて世界中の英語学習辞典の模範となった OALD」と紹介されているくらいです。もちろん、現在の OALD も、表紙をめくると Hornby の名が記されています。Oxford 大学は、"Oxford 3000 ™" として英語の基本語彙 3,000 語を定めており、OALD の語義も基本的にその 3,000 語だけで書かれています。

b) *Longman Dictionary of Contemporary English*

LDOCEは、初版の発行が1978年。やはり、非英語ネイティブを対象に編集されており、こちらは基本語彙2,000語で定義されています。また、日常的に使う単語に［S1］［S2］［S3］、［W1］［W2］［W3］というラベルが付いているのも特徴です。これは、"Longman Communication 3000" として定められた語彙（この3,000語が、頻繁に使われる単語の86％に当たるそうです）で、SはSpoken Englishでの頻度、WはWritten Englishでの頻度を表します。数字は、1 = 1,000、2 = 2,000、3 = 3,000で上位からの範囲を意味します。つまり、［W1］なら書き言葉で頻度の高い上位1,000語以内に入っているということです。

どちらも英語学習者向けなので、OALDとLDOCEは似ている部分もありますが、語義の解説にはそれぞれ特徴があります。いくつか例を見てみましょう。

> **decide**
> 🔑 to think carefully about the different possibilities that are available and choose one of them 【OALD8】
>
> ［S1］［W1］ to make a choice or judgment about something, especially after considering all the possibilities or arguments 【LDOCE5】

鍵マーク（Oxford 3000）とS1/W1が付くくらいの基本語です。どちらの説明が易しいかは一概に言えませんが、LDOCEのほうがやや親切かもしれません。

> **spine**
> the row of small bones that are connected together down the

> middle of the back 【OALD8】
> the row of bones down the centre of your back <u>that supports your body</u> and <u>protects your SPINAL CORD</u> 【LDOCE5】（下線は引用者）

　このように、やや専門的な単語は、LDOCEのほうが詳しく説明してくれる傾向があります。最後のSPINAL CORDという表記（小型大文字）は、これが語義説明に使う基本2,000語の範囲外であることを示しています。つまり、基本語義の範囲を超えてまで「脊髄を保護している」という情報を入れたかったということです。

　なお、Longmanからは、*Longman Advanced American Dictionary*（LAAD）という米語版も出ています。

c) *Collins COBUILD Advanced Learner's English Dictionary*

　COBUILDは、初版の発行が1987年と、英語学習者を対象にした英英辞典のなかではかなり後発です。後発だった分、最初からCollins Corpus（バーミンガム大学）という膨大なコーパスデータから作成されました。COBUILDで特徴的なのは、他の英英辞典と違って語義が必ず完全文で書かれているという点です。また、コーパスを利用したWordBankという膨大な用例集もセットになっています（COBUILDを単独ではなく辞書ブラウザで使う場合、WordBank用例の見え方に違いがあるようです）。

> **decide**
> If you decide to do something, you choose to do it, usually after you have thought carefully about the other possibilities.

　難易度はLDOCEとそれほど変わらないかもしれませんが、な

んだかすっと飲み込めます。なぜかというと、これは「語釈を書い」ているのではなく、言葉をパラフレーズしてくれているからです。親が、子どもに新しい言葉を説明してあげているようなもの、だと筆者は思っています。「ねえ、『しつぼう』ってなに？」と聞かれたとき、「のぞみを失うこと。あてがはずれて、がっかりすること」なんて辞書のように答え（られ）る親は（あまり）いません。「そうねぇ。『しつぼう』っていうのはね、○○ちゃんがプレゼントを待ってたのに、もらえなかったら、がっかりするでしょう。そのときの気持ちよ」。COBUILDの語義説明は、いつもこんな感じです。

d) *Macmillan English Dictionary*

　以上、定番の3タイトルのほか、個人的に気に入っているのが*Macmillan English Dictionary For Advanced Learners*（MED）です。2002年に初版発行という新参ですが、基本語義については、冒頭に語義の大分類がまとめて示されます。

> **break**
> 1 separate into pieces　　2 fail to obey rules　　3 make a hole/cut ......（13まで）

のような表し方です。学習英和でも、G5やウィズダムがこの形式を採用しています。

　この大分類表示が、語義の多い成句にも使われていることがあります。たとえばbreakのエントリーを下にずっと進むと、PHRASAL VERB(S) という見出しのあとに成句があり、

> **break down**
> 1 about machines/vehicles　　2 separate something into parts

レッスン3・辞書を使いこなす

3 relationship etc: end　4 start to cry ......（6 まで）

となっていて、けっこう重宝します。

WordNet

ここで、ひとつ特別な辞書を紹介します。大分類としては p.119 の「英英辞典（一般）」に該当するのですが、ふつうの英英辞典と違う見方をしないと活用しきれない辞書だからです。

WordNet というのは、プリンストン大学で運用されている言語データベースです。詳しくは、公式サイト（https://wordnet.princeton.edu/）で About WordNet をお読みください。簡単に言うと、「各単語が持つ（複数の）意味を、共通項として取り出し、相互に関連付ける」という発想で編集されています。この共通項を synset と呼びます。

たとえば、celebrate という単語を引いてみます（次ページの図を参照。図は EBWin4）。

[*syn*: observe, keep] や [*syn*: fete]、[*syn*: lionize, lionise] が synset で、同義の概念グループです。つまり、

・1 の語義は observe や keep と同じ意味を持つ（＝祝日などを祝い、それらしくふるまう）
・2 の語義は fete と同じ意味を持つ（＝祝宴を開く、もてなす）
・3 の語義は lionize と同じ意味を持つ（＝人を称賛する）

ということです。実際、observe や fete に飛んでみると、1 や 2 と同じ語義が載っています。

また、2 の語義にある [v. hype] は上位語（hypernym）、1 の語義にある [v. hypo] は下位語（hyponym）といい、それぞれの上位概念、下位概念を表します。つまり、celebrate = fete（2 の語義）は、大きくいうと meet の仲間、celebrate = lionize（3 の語義）は、

```
Princeton WordNet 3.1 with corpus | Web |
celebrate
  v 1:^11 behave as expected during of holidays or rites "Keep the
  commandments", "celebrate Christmas", "Observe Yom Kippur" [syn: observe,
  keep] [corpus 11]
  [v. hypo] commemorate, mark; mourn; solemnize, solemnise
  [s. derv] law-abiding, observant
  [n. derv] celebration, jubilation; celebration, solemnization, solemnisation;
  celebration, festivity; celebrant, celebrator, celebrater; ceremony, ceremonial,
  ceremonial occasion, observance
  2:^6 have a celebration "They were feting the patriarch of the family", "After the
  exam, the students were celebrating" [syn: fete] [corpus 5]
  [v. hype] meet, get together
  [v. hypo] jubilate; revel, racket, make whoopie, make merry, make happy,
  whoop it up, jollify, wassail; party; receive
  [a. derv] celebratory
  [n. derv] fete, feast, fiesta; celebration, jubilation; celebration, festivity;
  celebrant, celebrator, celebrater
  3:^2 assign great social importance to "The film director was celebrated all over
  Hollywood", "The tenor was lionized in Vienna" [syn: lionize, lionise] [corpus 2]
  [v. hype] respect, honor, honour, abide by, observe
  [n. derv] lion, social lion
```

大きくいうと repect や honor の仲間だということです。

　定義のしかたに少し癖があり、用例の示し方もふつうとちょっと違うので、慣れないうちは戸惑うかもしれませんが、この syn、hype、hypo（さらに、derv = derivative、sim = similar など、かなりたくさんのラベルがあります）という多次元的な構成に慣れると、それまで平面的に見えていた語句が立体的に感じられるようになります。

　プリンストン大学のサイトでも検索はできますが、上の図は、同大学で公開されているデータを EPWING 化し、辞書ブラウザ EBWin4 で引いたところです。この EPWING データは、WordNet EPWING というサイト（http://wordnetepwing.osdn.jp/）で公開されています。「Brown Corpus 付き Princeton WordNet 3.1」というファイル（wordnet-en-140419.zip）です。

syn、hype、hypo として挙げられた単語からは、その語にジャンプできます。また、元はコーパスですから、[corpus] と書かれたリンクをクリックすると元の英文をすべて確認することができます。このようにリンクをクリックして行ったり来たりするので、WordNet を使うには EBWin4 が最適です。WordNet 3.1 の EPWING データも、辞書ブラウザ EBWin4 も無料で公開されています。ありがたく使わせていただきましょう。辞書ブラウザを中心にこれから辞書環境を作っていこうという方は、この WordNet 3.1 EPWING からそろえてもいいくらいです。

類語辞典（シソーラス）

ところで、勘のいい方は WordNet の説明を読んでシソーラス（類語辞典）のようだと思ったかもしれません。そのとおりです。Synset という形で単語間の共通性を取り出すというのは、まさにシソーラスの示し方です。類語辞典は、似たような言葉の使い分けを調べられるのはもちろんですが、「どんな共通点があるのか」、あるいは逆に「どんな違いがあるのか」といった観点で言葉をとらえたいときにも活躍します。ここでは、その効果がわかりやすい *Oxford Learner's THESAURUS*（OLT）を紹介しましょう（図はいずれも Logophile）。

たとえば、idea、concept、notion はどうでしょうか。

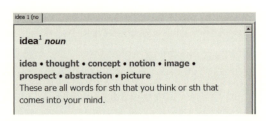

このように、OLT ではまず類語をまとめて共通点を教えてくれ

ます。「頭に浮かぶもの」くらいが共通点です。そのうえで、各単語の意味が示されます。

> **idea** a plan or suggestion that is created or experienced in your mind
> **concept** an idea or principle that is related to sth abstract rather than physical things or actual events
> **notion** an idea, a belief or an understanding of sth

idea は頭に浮かんだ「計画や提案」、concept は、idea でもあるが principle であり、それも抽象的なもの。そして notion には belief という語感が伴うということがわかりました。ここでは挙げていませんが、例文を見ればさらに補完されます。

では、次の例文も考えてみましょう。

> **Evocative** titles don't deliver meaning perfectly, but use metaphors and abstractions to **provoke and evoke**.

evocative は「感動的」という訳語も見つかりますが、もっと広く「感情や思い出を想起するような」ととらえたい形容詞です。したがって文意は、「感情に訴えるようなタイトルは、意味をとことん詳しく伝えるのではなく、比喩とか抽象的な表現を使って provoke し、evoke する」ということになります。さあ、最後の「provoke し、evoke する」はどう訳しましょうか。evoke のほうは、冒頭の evocative の動詞形なので、だいたい想像がつきますが、provoke を引いてみると……

1 〈感情などを〉起こさせる.【新英和大】
1 to cause a reaction or feeling, especially a sudden one 【LDOCE5】

なんだか evoke と似てますよね。では、「似た言葉を繰り返した強調」のようにとらえてもいいものでしょうか（そうとらえると、ひとつにまとめて訳す人がいます）。こんなときにも類語辞典を引いてみます。

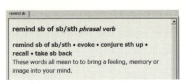
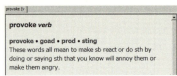

※ OLT で、provoke は見出しになっていますが、evoke は見出しになっていません。つまり前方一致検索だけではヒットしないということです。これは、キーワード検索も組み合わせて remind の見出しでヒットした画面です。

先ほどの idea/concept/notion とは様子が違うことに注目してください。それは、provoke と evoke が同じグループに入っていないということです。provoke のほうは、「〈感情などを〉起こさせる」とは言っても主に悩ませたり怒らせたりすることが中心であり、evoke のほうが「感情や記憶に訴える」ものだということがわかります。provoke and evoke と並べた場合は「刺激したり、感動させたりする」のようにも訳せそうです。

このように、シソーラスを使うと、共通点と部分的な相違もわかりますし、「どのくらい似ているのか、どのくらい違うのか」というアタリをつけることもできるわけです。なかでも、OLT は共通点と相違点の示し方がとてもわかりやすいので、おすすめです。

日本語のシソーラスは、訳語を探したいときに使っている人が多

いでしょう。日本語のシソーラスは大きく3つのタイプに分類できます。

1. 単に類語を並べて示すタイプ。『デジタル類語辞典』、『学研国語辞典』の類語表示など。
2. 類語を並べ、簡単な語義や使い分け、用例を示すタイプ。『角川類語新辞典』など。
3. 意味のカテゴリーに語句をグループ化して示すタイプ。用例はない。大修館書店『日本語大シソーラス』(日シソ)など。

3は知らないとピンと来ないと思うので、例を示します(図はLogoVistaブラウザ)。

「関係」を引くと、まず左のリストに「0001.01 関係ある」、「0316.01 性行為」、「0713.00 人間関係」……というのが並びます。これがカテゴリーです(どんな概念カテゴリーがあるかは、凡例で調べら

れます)。つまり、「関係」の類義語を知りたいといっても、「関係」をどんな観点でとらえるかによって分類が違ってくるわけです。ここから、たとえば「0716.04 交わる」を選ぶと、

このように対人関係を表す動詞や名詞が並びます。語彙が豊富であれば、こういう言い換えが自分の頭から次々と出てくるかもしれませんが、そうでない凡人としては、大いに助けられます。

 5　最後に

どんなに辞書をそろえても、書かれていることを読み込まなければ活用していることにはなりません。それ以前に、引いてみようと意識しなければ大変な誤読につながることさえあります。少しでも

疑問に思ったら、最小限の操作で辞書を引き、英和、和英、英英、国語、類語の各辞典間を縦横無尽に行き来できる―そういう辞書環境の構築を目指しましょう。

　どんな辞書も、使っているうちに限界を感じることがあります。が、もっと使い込むと、また新たな真価が見えてきたりもします。そんなことを繰り返しながら、それぞれの辞書と深く付き合ったとき初めて実感できるのが、「辞書はお金で買える実力」という言葉ではないでしょうか。

レッスン4

訳文づくりと日本語の「読み・書き」

高橋 さきの

　訳文を作る時に待ち構えている日本語の「落とし穴」が、実はいろいろあります。ここではそのひとつ一つについて、丁寧に見ていきます。自分の訳文を見直す際のヒントが山盛りです。

1　はじめに

　本章では、母語である日本語を中心に翻訳のことを考えてみたいと思います。

　「翻訳と日本語」といったときに、まっさきに思い浮かぶことがらのひとつが「文体」です。翻訳というのは、原文言語で書かれた言葉を訳文言語で書かれた言葉に移す作業なわけですが、日本語に関するかぎり、その書き言葉の「文体」をつくりあげてきたのは、翻訳という作業に携わった先人たちなのだと思います。すぐに思い浮かぶのは、二葉亭四迷をはじめとする作家たちかもしれませんが、対極にありそうな理系の論文なども、英語やドイツ語との往き来のなかで今の文体ができてきたわけです。文体をつくってきたのは、むしろそうした実用文の方かもしれません。

　目を転じて文章の一番小さい単位である単語はどうでしょう。今では定着して辞書にも載っているような語彙であっても、それらの多くを最初に発明したのは、無名の翻訳者たちだったわけです。

　どうですか、少し背筋がしゃんと伸びてきませんか？

図1　岸田吟香『呉淞日記』（1866）から（挿絵も）

ここでは、『和英語林集成』（いわゆる『ヘボン辞書』）の編纂を手伝い、その後日本の新聞事業の立ち上げにも関わって翻訳も行った岸田吟香が上海で記した日記『呉淞（ウースン）日記』（1866）を紹介します（図1）。岸田吟香は、岡山県津山から昌平坂の学問所に学んだ秀才ですから、日記が漢文訓読調で書かれていても不思議はありません。それが、日記というなかば私的な文章とはいえ、おそらくは和英辞典の編纂という作業に携わった結果として、21世紀の文章とみまがうばかりの文体を創出するわけです。[1]

　もうひとつ、『呉淞日記』に遅れること5年の明治4年（1871年）に書かれた『童蒙英学初歩』（島一徳）という英語の入門書を紹介しましょう（図2）。縦書きだというのに、引用部分のように左から読んでいく部分が混ざっていたりと、まだまだ手探りの時代。この本の書き手は、どんなことを気にしていたのでしょう。

図2　『童蒙英学初歩』（1871）から

　引用したのは、パンクチュエーションの部分で、「断続」と書いて、キレツヅキとルビをふった箇所をはじめ、「句読（ヨミキリ）」「文意を断（キル）る」「語脈は絶えれども」「終る」「文意は下文に続く」「前文の意一度断（きれ）て」「数語を一句に連読ス」「少し読切りてすぐに下句に移る」「間同じならず、；は，の倍なり」など

---

[1] ここで岸田吟香が携わったのが和英辞典の編纂作業であったことの意味は大きいものと思います。英和辞典のように、訓読調の文章に埋め込まれることになる語彙を考案するのではなく、すでに言文一致が進んで久しい英語の文章中で使われる語彙、それも主に日本語の日常語彙と格闘するのが主な作業だったということです。

の表現が動員され、文章の息づかいについて説明しようという意気込みが伝わってきます。そして、「きれつづき」という言葉からは、「きれ方」と「つづき方」が表裏一体のことがらであることが伝わってきます。

幕末から明治の初めといえば、日本語の文章ががらっと変わりはじめた時期ですし、そのときに先人が悩んだことがらは、文章の根っこに関わることがらだったはずです。

文体（特に文末表現）も、「キレツヅキ」も、普段、単一言語内で文章を書いているときには、無意識のうちに処理していることがらですし、さほど気にする必要はないのかもしれません。でも、翻訳という複雑な作業を行ううえでは、そうしたことがらを意識しておくことが大切になってきます。

翻訳された文章を読んでいるときに、「どうもへんだ」とか、「どうにも頭に入ってこない」などと感じて、読み進めなくなることはありませんか？「文章読本」系によく出てくる「主語と述語の一致」のようなことがらは守られているし、辞書に載っている語彙の用法からも外れていないのに、「どうもへん」で読み進むのに抵抗や苦痛を感じるような文章ということです。私たち翻訳者は、「明らかにへん」だったり「まちがって」いたりする訳文を書いてはならないのは当然として、「どうもへん」な訳文も書いてはならないのです。

本章で説明することがらは、「今さら」で「当たり前」のことばかりかもしれません。あるいは、「そんなことをいちいち知らなくても文章くらい書ける」と感じられるかもしれません。そのとおりだと思います。でも、その「今さら」で「当たり前」のことがなかなかできなくなるのが複数言語間を往き来する翻訳の怖さです。

本章後半では、妙な訳文として、「ブチブチ訳」、「キョロキョロ訳」、「ウラギリ訳」、「モヤモヤ訳」、「ノッペラボウ訳」の５つを取り上げました。「どうもへんだ」と感じられる訳文の８割方は、こ

の5つでカバーできているはずです。自分の訳文や人の訳文を検討するときの役に立てば幸いです。

2　翻訳のエコノミー

原文言語と訳文言語の間に垣根をつくらない

まず最初に取り上げるのは、翻訳の「エコノミー（経済性）」というアプローチです。[2]

翻訳は、原文言語で文章を分析的に読み、読み取ったロジックや意味内容を、原文の言語構造もさまざまなかたちで利用しつつ訳文として再現する作業を基本としています。[3] そして、その際には、双方の言語を超速で往き来する、つまり脳内の各所に散らばっている原文言語と訳文言語に関わる諸領域を、閃光が光速で駆けめぐるような作業が実施されます。しかも、その間、脳内の諸領域では、複数の作業が同時進行しているわけです。そういう複雑きわまりない作業だからこそ、シンプルな形で行えるようにしておくことが大事なのだと思います。

そのためには、まず、母語側である日本語と、他言語側（英語であることが多いでしょうか）とを、垣根をつくらずに整理しておくことが大切です。イメージをいくつか挙げてみましょう。

最初は「たんす（箪笥）」のイメージ。翻訳時に、いくつの「たんす」をお使いですか？　私は、「たんす」はひとつ（1棹）がよいと思います。翻訳に関することは、細かな表現に関わるようなことでも、文章一般の規則に関わるようなことでも、英和の「たんす」と和英

---

[2] そもそも文章を書く行為自体がエコノミーにもとづくという考え方があります。その延長線上での議論と考えて差し支えありません。
[3] 原文の構文と訳文の構文は、文脈依存的な多対多の関係にあります。

の「たんす」に分けるのではなく、ひとつの「英和・和英・英英・和和共用の両面たんす」に投入し、日本語側からも、英語側からも、必要に応じて引き出せるよう整理しておくというイメージです。これなら複数の「たんす」の間を駆け回らなくてもすみます。(p.172 に引用した幸徳秋水の『翻訳の苦心』では、表現のストックのことを「腹笥（ふくし）」と呼んでいます。お腹の中の本箱といった意味でしょうか。)

【コラム】翻訳の木

木を育てることを考えてみましょう。最初に基層に届く大きな植え穴を掘ってきちんと根づくようにすれば、木はすくすくと伸びて、しっかりした幹ができ、枝葉も豊かに繁ります。表からは見えない地下部にも、太く高く成長した地上部分を支えるだけの、地上部と同じかそれ以上の根が育つはずです。

それだけではありません。地上部が落とした枝葉が分解されて、新たな土壌ができているはずです。つまり、「翻訳の木」は、自ら地上部の幹や枝葉を繁らせながら、地下部の根や周辺環境も育てているわけです。

ろくすっぽ植え穴も掘らず、「英語の木」、「日本語の木」、「A 分野の木」、「B 分野の木」などをモシャモシャ生やしておくのと、先々どちらが楽だと思いますか。[4]

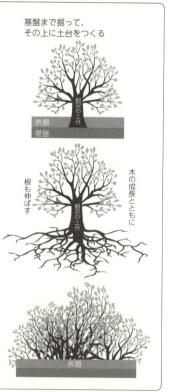

基盤まで掘って、その上に土台をつくる

木の成長とともに根も伸ばす

---

4 同じ言語であっても、分野によって、文章はずいぶんと異なります。方言のようなものと考えて差し支えありません。

もうひとつ、イメージを挙げてみましょう。「エコノミー」というあたりを、少し思い描きやすいかもしれません。

　「平面の三角形とドーナツのような三次元の形状とを比べる」場面を想像してみてほしいのです。どうですか、一筋縄ではいかないでしょう。

　翻訳者には、「英語では」、「日本語では」などと口ぐせのようにおっしゃる方が大勢おられます。でも、そうやって「Aではこう、Bではこう」というふうに論じることができるのは、AとBに共通部分が多いからです（平面多角形同士を比べる場面を想像してみてください）。だったら、「AもBもここまでは一緒。でもその先はAはこう、Bはこう」というかたちで整理しておいたほうが実戦向きではありませんか。そのほうが、ことばの「エコノミー」の原則にかなっていると思うのです。Aという言語（や分野）にも、Bという言語（や分野）にも共通のことがらは、翻訳という「建物」の1階に、共通ではないことがらは、2階の個室に収納しておくというのはいかがでしょう。これは、子ども時分に九九を覚えたときに、5×9＝45（ごっくしじゅうご）を覚えておけば、9×5については、それが5×9と同じという規則さえ理解しておけば、わざわざ9×5＝45（くごしじゅうご）を覚えなくてもすんだのと同じリクツです。

　どうでしょう、翻訳の「エコノミー」という発想の一端が伝わったでしょうか？

　なお、翻訳入門時には、母語が訳文言語となる英和の仕事から始めるのが通例です。でも、将来逆方向の仕事を手掛けるかもしれないわけで、そのときに、英和の仕事で蓄積した知識を十二分に活用できるよう準備しておくことは大事だと思います。

そうはいっても、母語での整理が大事

　原文言語と訳文言語の間に垣根をつくらずに整理しておくという

のは、実は、相当地道な作業です。どちらかの言語で、「あぁ、これってこういうことなのか！」とひらめくたびに、「このことって、もう一方の言語で考えたことがあったっけ？」と自問してみるといったプロセスの繰り返しだからです。

しかも、状況は不利です。「ことばの規則」というのは広い意味での「文法」なわけですが、語学専攻以外の翻訳者の大半は、英文法は受験勉強まで、日本語に至っては現代日本語文法は中学まで、あとは古文の文法しか習っていません。しかも、日本の教育課程で習う現代日本語や古文の文法は、複数言語を往来する際に解決せねばならないようなあまたの根源的現象と正面から向き合うには、およそ不向きです。その結果どうなるかというと、翻訳者の大半は、非母語の、それも高校生用の文法（高校英文法）を武器として両言語と格闘するという状況に陥ります。

そこへもってきて、世の中に出回っている英語や日本語に関しての書物というのは、それぞれの言語内で知識を積み増すのにはよくても、言語間を往き来するといった非常識きわまりない作業（翻訳作業）で遭遇するあれこれについて考えられるような深さで書かれているものはめったにありありません。

これはつらい。そして、おそろしい非効率性をはらんだ状況でもあります。整理された内容にも、疑問符が灯りがちです。その結果なのか、母語である日本語の側については「勘だけ」、つまり「考えない」ことにしているケースが圧倒的に多いような気もします。

ものごとというのは、十までわかった段階で整理するのと、百までわかった段階で整理するのと、どちらの結果が信頼できるかといえば後者であり、どちらが効率的かというと、これまた後者である以上、ことばに関するあれこれは、母語の側で整理したほうがよいのです。母語のほうを「勘だけ」ですましてしまうと、ことばに関しての整理は進みません。

私の意見は、現状を受け入れて、高校英文法で日本語について考えるところから始めてもかまわないというものです。単語（word）は日本語の文節のことだと考え、日本語の助詞は、文節（単語）末表現だと考え（英語以外の言語を習ったことがあれば、単語の後ろ側がいろいろと変化する状況が特に例外的ではないことは経験ずみのはず）、日本語の助動詞も単語の一部だと考えれば、高校英文法でも、ある程度までは日本語を扱えるはずです。日本語では、形式主語のない文もたくさん出てきますが、文脈から「誰がどうした」・「何がどんなだ」の「誰」や「何」を特定できない文など、そうそうあるものではありませんから、主語については、意味上の主語のことだと考えておけばよろしい。文に、単文（ひとえ文）、重文（あわせ文）、複文（入れ子文）があるのも一緒です。

　いずれ高校英文法だけではすまなくなってくるわけで、その段階で、複数言語について同時に考えられるような深さのある英文法や日本語文法の体系を学んでいけばよいわけです。[5]

　大事なのは、母語である日本語について考えることを放棄しないこと、そして、翻訳時に遭遇するあれこれの問題を、双方の言語についてそれぞれ考え、きちんと擦りあわせてみることだと思います。

　なお、使えるのは、英文法だけではありません。英語での会話を学ぶ際の工夫も、母語で言語について考えるためのメソドロジーとして取り入れていきましょう。スラッシュ・リーディングやシャドウイングといった英語教育で確立された手法を母語で利用する方法については後述します。これらの手法は、脳内の「音」の配線に直接訴えかける手法ですから、通訳の訓練だけでなく翻訳の訓練としてもとても効果的なのです。

5　こうした目的で使える書籍の例：グリーンバウム、クヮーク著　池上他訳『現代英語文法大学編』（紀伊國屋書店）、高橋太郎ら『日本語の文法』（ひつじ書房）など。

3 文章の基本は同じ

伝えたいことがあるから書かれるのが文章

では、言語の種類や分野の違いにかかわらず、文章について共通のことがらとは何なのでしょう。それは、「文章は、伝えたいことがあるから書かれる」ということだと思います。そして、その伝えたいことがちゃんと伝わるように訳すのが翻訳ではないでしょうか。

文章の基本としての起承転結

とりあえず、日本語で文章について論じるときに必ずといってよいほど言及される「起承転結」について考えてみましょうか。日本は、長い間、中国語(漢語)文化圏の片隅に位置してきたわけで、日本語の書き言葉も、この文化圏から絶大な影響を受けています。もとは漢詩(近体詩)の形式として提唱された「起承転結」が出てくるのも当然の流れなのでしょう。藤堂明保さんの『学研漢和大字典』から定義を借りると、「起承転結」とは、「起句でうたうきっかけをつくり、承句で起句を受けて詳しくのべ、転句で違った角度からうたい、結句で以上をまとめる」ことだとされています。

実際の例を見てみましょう(図3)。内容については、図中の解説に譲りますが、読み

春暁　　孟浩然

春眠不覚暁　　春眠暁を覚えず
処処聞啼鳥　　処処啼鳥を聞く
夜来風雨声　　夜来風雨の声
花落知多少　　花落つること知る多少

春の眠りは夜明けに気づかないほど心地よい、あちらこちらで鳥の声が聞こえる、ゆうべは雨や風の音がしていた、花はどれほど散ってしまったことだろう

〈訓読と解説は、NHK教育テレビの中高生向け番組『10min.ボックス』の画像から〉

図3　『春暁』孟浩然

手は、タイトル、「起」、「承」の部分を経て、文章に描かれた情景へとスムーズに入っていくことができ、そのうえで、「転」の部分になると、今度は詩の書き手である孟浩然の「夜来」の体験（ゆうべは雨や風の音がしていた）を身近に感じ、一緒に「風雨の声」に耳をそばだてることになり、さらに「結」の部分で文章がきちんと結ばれることで、安心して文章を読み終えることができるようになっています。

　ここでも、契機となった体験があったうえで、それも含めて伝えたいことを伝える文章が書かれているわけですし、この作品に限らず、中学や高校では、こうした体験が「転」[6]の部分で語られる作品をたくさん習ったわけです（例：李白の「黄鶴楼送孟浩然之広陵」、杜甫の「絶句」など）。

　そう考えると、「起承転結」というのは、何か特別のロジックについて既定した作法というより、文章のごく普通のレトリカルな展開形式について言及しているにすぎないことがわかるはずです。

　さて、ここで漢詩の話を持ち出したのには、もうひとつの理由があります。「起承転結」をめぐる下記のようにまとめられる珍説に決着をつけておきたいのです。

【日本では、「起承転結」なる文章作法が蔓延している。意味もない時候の挨拶のごとき内容から文章を書き起こし（起）、ぐだぐだと方向も定まらぬまま具体例を挙げ（承）、「承」で出した例とは矛盾する例を取り上げ（転）、最後にようやく結論を述べる（結）という文章作法だ。これは、結論を最初に述べる欧米の文章作法とは真逆の非論理的な文章作法である。】

---

6 「転」の部分は、transition to another viewpoint と英訳されることも多いのです。なお、「転」は、一般的情景から具体的な体験への transition に限定されているわけではありません。

こうした主張の荒唐無稽さについて逐一指摘することはしません。ただ、「転」はその前の部分と矛盾する内容をつづる部分ではありませんし、「結」を「結論」のことだというのは、コジツケです。

　こうした珍説をご紹介するのは、こうした議論が文章指南としてかなり普及しているからです。[7] 文章の入口でこういう「英語では」や「日本語では」式の議論をしていたのでは、《ことばである》という基本を共有する存在としての「原文と訳文」や「原文言語と訳文言語」に虚心に向き合うことなど不可能です。

　繰り返しになりますが、レトリカルな文章作法としての「起承転結」に言語の境界はありません。これも、伝えたいことをしっかり伝えるためのユニバーサルな文章技法のひとつです。[8]

　文章で採用する論理展開の形式や書式については、言語ごとというより、分野ごとに、文章のタイプに応じた決まりがあるのが通例です。これは、先ほどの比喩でいえば、「建物2階の個室」にあたることがらです。きちんと守ること。

書き手と読み手と訳し手と

　「伝えたいことがあるから書かれるのが文章」であるとすれば、文章の「書き手」は、自分の頭の中にあることがらを、「読み手」が読んだときにストンと腑に落ちるようなかたちで書くのが筋ですし、文章をめぐるさまざまな決まり（広義の文法）についても、「書き手」と「読み手」とを念頭に置いて整理するのが筋だということになります。

　こう考えたときに、さしあたって問題になる2つのことがらを挙げてみましょう。

7　さて、本家の中国語（漢語）はどこへいってしまったのでしょう。こうした立論には、ある種、脱亜入欧的議論としての側面があるのだと思います。
8　「起承転結」だけでなく、「序破急」についても、事情はパラレルだといえます。

ひとつは、「書き手」が知識一般や文章の背景事情として持っている情報の量と、想定される「読み手」の持っている情報量の違いという問題で、これは、使用する語彙や表現の難易度や専門性といったことだけでなく、読み手への情報の届け方、つまり情報をドカンドカンとまとめて届けるか、少しずつ小分けにして届けるかという「文章のきれつづき」をめぐる問題にも関わってきます。

　もうひとつは、「書く」スピードと「読む」スピードという速度の問題。普通は「読む」スピードのほうが圧倒的に速いわけですが、こうした速度の違いはかなり重要で、「書き手」が考えながら「書く」スピードで書いた文章というのは、「読み手」にとっては案外読みにくかったりすることも多いのです（高橋、1961）。

　そうした問題が、一気に噴出するのが翻訳です。

　図4を見てください。普通の文章は、「書き手」が自分の頭に浮かんだことを、「読み手」のことも考え

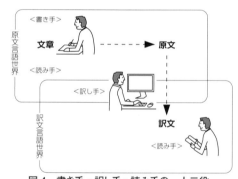

図4　書き手・訳し手・読み手の一人三役

ながら書くというステップだけで全工程が完結します。でも、翻訳の場合には、次なるステップとして翻訳という作業が入ってくるわけです。この翻訳というステップでは、翻訳者は、「原文」の読み手であるとともに「訳文」の書き手でもあるわけで、一人二役をしながら言語の壁を飛び越えたり、すり抜けたりして、原文言語と訳文言語の間を往き来することになります。でも、それだけではありません。翻訳者は、自分がこしらえた「訳文」がどのように読まれるかも同時に考えながら訳文をこしらえているからです。一人二役

どころか、一人三役をこなしているということです。

　つまり、訳し手は、まずは原文言語世界で、《原文の書き手が何を思い浮かべ、読み手としてどのような人々を思い描き、思い浮かべた内容をその人々にどのように届けようとしていたのか》、そして《原文の読み手が、原文から何をどう読み取ったのだろうか》という2つのことがらを読み取り、次に訳文言語世界に足を踏み入れつつ、《そうして読み取ったことがらを、訳文言語でどう届けようか》と考えながら訳文をつくり、同時に、これはもう完全に訳文言語世界で、《その訳文を読んだ読み手がどう受け取るだろうか》についても思いをめぐらせるわけです。このプロセスは、無限ループのようなもので、訳し手は、書き手の世界と読み手の世界を超速で往き来しているわけです。

　これでは、問題が複雑化せざるをえません。

　訳出作業時の個別の場面において、この複雑化した状況にどう取り組むかは千差万別で、これこそ翻訳という作業の核心に位置することがらです。ここで、「書き手と読み手、そして訳し手」という構図を念頭において作業に取り組むのと、そうでないのとでは、本質的な差が出てくるはずです。

徹底して「読み手」の側に立ってみる

　いっそのこと、一度、完全に「読む側」だけに立って、文章を「読む」ときのことを考えてみましょう。

　文章を読むというのは、文章から情報という荷物を受け取る作業です。どんな情報が、どんなパッケージ（まとまり）で、どんな順で送られてくるのかは、読み手にとっては重大事で、それを最初に知らせてくれるのが、図5のような視覚的な切れ目の目印です。文章を読んでいるときには、今現在読んでいる場所より1行〜数行先までが視野に入っているのが常で（p.160の坂口安吾の引用参照）、

そのときにはさまざまな「切れ目の目印」が道標のように目に飛びこんできます（図6のフェーズ1）。

一方、今現在読んでいる箇所で何をしているかといえば、まずは構文をとるという統語論的な意味での文法的解釈を行っているわけです。「何がどうした」、「何がどんなだ」といった主述関係を読み取り、その「主」と「述」のそれぞれを修飾する部分や、それらとは独立した部分を峻別し、同時に、単文（ひとえ文）、重文（あわせ文）、複文（入れ子文）といった文の構造を判定する作業も行っているのでしょう（フェーズ2）。このときにも、切れ目の目印はフルに活躍していますし、この段階になると、通常、頭のなかで「音」の果たす役割が大きくなってきます。

そしてさらに、文章のロジックや当該部分の表現や語彙の意味内容も頭に入ってきます（フェーズ3）。

ここでは、「読む側」に立って、「読む」作業を3フェーズに分けて考えましたが、通常これらの3フェーズは、特に意識することなく同時並行的に行われています。

＜日本語＞　　　　　　　　　　　　　　　＜英語＞
改行　　　← 段落の切れ目 →　　改行
句点　　　← 文の切れ目 →　　ピリオド
読点　　　← 節や句などの切れ目 →　コンマ、セミコロン、コロン、ダッシュ、関係代名詞など
分節末表現（例：「〜を」「〜は」）
表記の変わり目（例：漢字とひらがな）　← 単語の切れ目 →　スペース

英語だと、切れ目をみつけやすいんだよなぁ

図5　視覚的切れ目の目印

フェーズ1：視覚的目印を利用して判断する
フェーズ2：構文をとる
　よい例：タケヤガヤケタ（タケヤの意味がわからなくても見当がつく）
　よくない例：スモモモモモモモモノウチ、ウラニワニハニワニハニワ（語彙を理解できないと構文がとれない）
フェーズ3：中身やロジックを理解する

図6　文章理解のフェーズ

「きれつづき」とリズム

　この「読む」3フェーズを念頭におきつつ、「きれつづき」について考えてみましょう。

　ここでは、3フェーズに分けて整理したわけですが、実は、フェーズ1に関して言及した「切れ目の目印」は、文章がきちんと書かれてさえいれば、なしでも文章を読むことは可能です。（現在のような句読点のシステムが確立したのは明治に入ってからのことです）。

　ここは、翻訳という作業のキモの部分ですから、課題で確認しておきましょう（参考解答例は、本章末尾）。選んだ文章は、語順がきちんとしているので、推敲なしで「きれつづき」について検討できるはずです。

課題：

　1）下記の課題文のスラッシュ・リーディングを行いなさい。
スラッシュ・リーディングというのは、文の切れ目にスラッシュ「/」を入れながら読んでいく手法です。通常は、「/」1種類だけを使いますが、ここでは、小さな切れ目（/）、中くらいの切れ目（//）、大きな切れ目（///）の3種類を使ってください。

　2）そのうえで、読点を打ちなさい。

　3）この文を読んで記憶に残る部分に、下線を引きなさい。

課題文1：　論文の書き方に関する指南書はこれまでも数多く出版されているが本書が画期的なのはいかにして論文執筆のモチベーションを上げ精神的負担を軽くして論文執筆に取り組めるようにするかについてメンタルな面を含めて冷静に分析しその解決策を誰にでもわかるように明瞭に提示している点だろう。

課題文2：　繰り返しになりますが翻訳時には原文と訳文とを超速で往き来しながら原文側と訳文側で同時並行的に作業を進めています。

どうでしょう、課題に取りくむなかで、頭の中で音が鳴り響きませんでしたか？　リズムが気になりませんでしたか？　音やリズムを介して「きれつづき」を調整している感覚をつかめましたか？　大きな切れ目、中くらいの切れ目、小さな切れ目の区別はつきましたか？　切れ目ごとに、文章から情報がパッケージ（かたまり）で届く感覚をつかめましたか？

　いま、味わったような感覚は、訳文を読む人も感じるわけです。「翻訳」という段になると、こういう当たり前の感覚が麻痺しがちです。原文と向かい合ったときのエネルギーが10あったとして、原文を咀嚼するのに5を使い、とりあえず訳文をひねりだすところで3を使ったとすれば、残りは2、つまり、自分の訳文を読むときに使えるエネルギーは、普通に文章を読むときの2割程度ということになってしまいます。たった2割で、ちゃんとした文章に仕上げるためには、勘だけに頼らず、ある程度リクツを身につけておくことが必要です。

　ここでは、とりあえず、読み手の立場に立つなら「文章から、どんなパッケージ（かたまり）で情報が届くか」、書き手（や訳し手）の立場に立つなら、「文章を介して、どんなパッケージ（かたまり）で情報を届けるか」が、文章の「きれつづき」問題の中核に位置することまで確認しておきたいと思います。

「原文に引っ張られる」という現象

　以上については、「何だ、そんなこと当たり前じゃないか」と感じる方も多そうです。でも、その当たり前のことができなくなる怖さを秘めているのが翻訳であり、当たり前のことができなくなるという厄介な現象が、《原文に引っ張られる》という現象なのかもしれません。

　繰り返しになりますが、翻訳では、原文の言語構造を利用します。

そして、その際には、原文と訳文とを超速で往き来しながら、原文側と訳文側で同時並行的に作業を進めています。ですから、随所でトラブルが表面化します。文章を書くというのは、自分の頭の中で思い描いた内容（「絵」と呼びます、座談会のp.52参照）を文章にする作業なわけですが、翻訳時のトラブルというのは大きく分けると2種類あって、原文からしっかり「絵」が思い描けていない場合と、「絵」は描けていたのに訳文が作れていない場合があるわけです。そして、その両方が同時に生じたりすると、訳文は完全に意味不明になってしまいます。

単一言語内で文章を書いているときに難なくできていたことができなくなるのが翻訳なのだとすれば、きちんとした翻訳を行うためには、単一言語内で文章を書いているときに何を「自然に」できているのかを徹底的に整理し、それらが「自動運転」でできるよう身につけておくしか方策はありません。[9]

仕事の中核に位置するようなことがらに関して、比喩を持ち出すのは気が引けるところもあるのですが、譜面に沿って曲を演奏している場面を考えてみましょうか。譜面が原文、演奏内容が訳文という設定です。譜面どおりに弾くことに気を取られると、弾いている音が聞こえなくなったり、音の流れがふと見えなくなったりするわけです。そんなときに演奏されている曲というのは、「ピアノを習っている近所の小学生が新しい曲を練習しはじめたとき」のような感じだったりしないでしょうか。

---

9 「直訳」「意訳」「逐語訳」など、翻訳に関しては、正負両義的に使用される「〜訳」という用語がいくつもあります。これらは、いずれも、文脈依存的に使用され、その意味内容について明確な共通了解が存在するわけではありません。まずは、（原文の内容を過不足なく反映したうえで）「原文に引っ張られる」ことのない訳文を目指しましょう。

語順という厄介な問題

この「原文に引っ張られる」最大の問題が、語順問題なのだと思います。日本語は、欧州言語とは語順が大きく異なる言語ですし、語順の調整は大変です。そこに持ってきて、日本語は分節末（単語末）表現が豊かな言語で、少々語順が崩れても、そこそこ意味が通じてしまうため、ベストではない語順でも、読むだけならなんとか読めてしまいます。[10]

具体例で考えてみましょう。「本を彼にあげた」、「彼に本をあげた」は、どちらも文としては成立しています。でも、これは、「どちらがよいのかが、文脈に応じて決まってくる」ということであって、「どちらでもよい」ということではありません。

ちなみに、ベストな語順で書かれた文なら、この程度の長さなら読点はなくてもすんでしまいます（そのうえで、読む側の立場に立って、必要に応じて読点を使用するということ）。でも、ベストではない語順で書かれている場合には、この程度の長さでも読点を打たないと、可読性を保てません。最適の語順なら読点は少なくてすむわけですが、最適の語順としたうえで、想定読者にとって至適な数の読点を打つことも大切なわけです（高橋、1961）。

語順というのは、読み手にどういう情報をどういう順番で届けるかという大切な問題です。

語順問題を逆から見ると

語順について厄介な側面ばかりに言及してしまいましたが、逆から見てみましょうか。語順問題が、「同じ表現でも、文中の別の場所で使うと、文の意味も微妙に変わってきて、ずっとよくなる」、

---

10 単語末の表現が豊かな言語は多数あります。日本語が特殊というより、英語のほうが例外と理解しておくべきかもしれません。

さらには、「どうせ文中の別の場所に（原文情報を）反映させるなら、もっと違う表現も使える」という積極的な可能性と地続きであることは、すぐわかると思います。

これは、とても大事なことで、単一言語内で文章を書いているときには使えているのに、翻訳時には使えていない語彙や表現がたくさんあることに対応しています。

本来、訳出時の選択肢はたくさんあって、そこから最適なものを選んでいるはずなのに、訳文のなかの特定の場所で使える表現のことばかりを考えているものだから思いつけない、つまり訳出時の表現の選択肢に入ってこない表現が山ほどあるということです。翻訳時の能動表現が自分で思っているよりはるかに乏しくなっているわけです。

情報のパッケージ（かたまり）を届ける順番が変われば、表現も違ったものなるというのは、考えてみれば当然のことではありませんか？

語順問題と能動語彙

このあたりの事情を、ある文について「なんとか訳文までは書いてみた」あたりの段階を例にとって具体的に考えてみたいと思います。

原文と訳文の対応関係は、いろいろなレベルで確認していると思いますが、まずは、原文が持っている情報が、「訳文にちゃんと反映されたかな」というかたちで照合することが多いと思います。

ここでは、形容詞の most が「たいがいの」「たいていの」というような意味で無冠詞で使われている <u>Most</u> children like sweet things. という文を考えてみましょう。これを訳して、「<u>たいていの</u>子どもは、甘いものが好きだ」という訳文ができたとすると、"most" の部分の情報が「たいていの」のところに反映されているな、といっ

たふうに考えるわけです。

少し文法事項に踏み込みますが、文が、「主部＋述部」でできていると考えれば、これを拡張して、「(文の主述の枠組みの外側に位置する部分①) ＋ (主語を前から修飾する部分②＋主語＋主語を後ろから修飾する部分③) ＋ (述語を前から修飾する部分④＋述語⑤)」というふうに考えることも可能です（図7）。

そのうえで、文脈に応じてということになりますが、Most children like sweet things. という文を訳す場合、most の含意は、

「たいていの場合、子どもは甘いものが好きだ」というふうに、文の主述の

図7　原文の情報を反映させる位置

枠組みの外側に位置する部分に反映させることも（①）、

「たいていの子どもは、甘いものが好きだ」とか、「子どものほとんどは、甘いものが好きだ」というふうに、主語を前から修飾する部分や主語を後ろから修飾する部分に反映させることも（②③）、

「子どもは、たいてい甘いものが好きだ」というふうに、述語を前から修飾する部分に副詞的に反映させることも（④）、

「子どもは、甘いものが好きなものだ」というふうに、述語部分に文末表現として反映させることもできるわけです（⑤）。あるいは、ここでは例を挙げませんが、もっと別の工夫（⑥）[11] をすることも可能でしょう。

もちろん、実際の翻訳には、文脈というものがあるわけですし、

---

[11] ⑥の例としては、慣用表現の利用などが挙げられます。例：「子どもといえば、甘党と相場が決まっている」

①〜⑥までの全パターンを使えるケースばかりでもありません。でも、翻訳初心者がこだわりがちな、「たいていの子どもは、甘いものが好きだ」（②）とか、「子どものほとんどは、甘いものが好きだ」（③）といったような原文の係り受けに近いかたち以外にもいろいろな訳し方が可能なことは、翻訳の前提として承知しておくべきことがらです。

　もうひとつ知っておいてほしいのは、辞書の用例のような、文脈から独立して理解可能な訳しか基本的に許容されない状況であってさえ、②や③のような原文での係り受けそのままや、それに近いかたち以外のパターンでの訳例が高率で含まれているということです。ちなみに、most（のこの用法）について、『研究社新和英大辞典　第5版』（CD-ROM版）で実際の訳例をカウントしてみたところ、英文のmostが、②や③のように和訳訳文の主部的部分に反映されているケースが5割あるのに対して、④や⑤のように訳文の述部的部分に反映されたケースも4割近くありました。つまり、ふだん、こうしたmostを訳文の主部的部分にのみ反映させて訳してしている人（②や③のパターンばかりで訳している人）は、訳文の表現選択範囲が極端に狭まってしまっているということになります。この数字の持つ意味は、小さくないはずです。

　なお、ここでの①〜⑥は、mostという特定のケースについて文中での「位置」を考えるために付した便宜的な番号だと考えてください。"We want bread, but we want roses, too!" という文のtooの情報を「文のどこに反映しようかな」ということを考えるのだったら、「バラも」というような分節（単語）末表現についても考えるなど、もっと微視的な目が必要になります。でも、この場合も、原文の持つ情報を、《文の前のほうから後ろのほうまでの1箇所または複数箇所》に反映できるという基本に変更はありません。そして、文字列を扱う翻訳という作業と、この《前のほうから後ろのほ

うまで》という考え方は、とても相性がよいのです。

【コラム】品詞や修飾関係の変換という整理も可能

訳し方について納得する道筋は、本文で示した《訳文の前のほうから後ろのほうまで》以外にも、品詞や修飾関係を媒介とする道筋というのもあります。具体例を、辞書から拾ってみましょう。

　　岩石を細かく砕く ⟷ break rock into fine pieces
　　　　　　　　（『研究社新和英大辞典』「細かく」の項目の例）

今、和訳をしていると考えれば、原文で形容詞の"fine"が持っている情報は、訳文では「細かく」というように連用修飾語（英語なら副詞の finely に近い）のかたちで表現されていることになります。そして英訳していると考えれば、連用修飾語の「細かく」は、訳文では形容詞の"fine"として表現されているということになるわけです。

仮に、翻訳時に「原文の形容詞は訳文でも形容詞的に」という枠にとらわれていたとすれば、「細かく」というような例は思い浮かびにくいことになります。日本語の中だけで書いたり話したりしているときに、「細かく」という語彙を使わない人はまずいないはず。なのに、いざ訳すとなると、なかなか「細かく」が出てこなかったりするということです。

原文で形容詞のかたちで表現されていた情報を副詞的に訳すことや、原文で副詞のかたちで表現されていた情報を形容詞的に訳すのは日常茶飯だということを、翻訳のルール（翻訳文法とでもいうようなもの）の一例として承知しておくことで、訳語選択の幅が飛躍的に広がってくる、つまり、翻訳時の能動語彙・表現が増えてくるはずです。

ここでは、形容詞と副詞（あるいは連体修飾語と連用修飾語）の間での転換例を挙げましたが、ふだんの翻訳では、もっと別の品詞転換もたくさん行っているはずです。いかがですか？

リライト問題

　本節では、「文章の基本は同じ」ということで、言語間を往き来する際の共通基盤について考えてきたわけですが、その際に念頭においておきたい事項として、最後にリライトについて考えてみたいと思います。リライトは、レッスン1の座談会にも出てきたとおり、翻訳と切っても切れない関係にある問題です。でもリライトを行うと、原文と訳文との対応関係は、崩れてしまいます。

　リライト原稿を原文言語内で作成してから翻訳に取り掛かるのであれば、作成したリライト原稿のほうを翻訳する原文と考えればよいわけですが、訳文を直接作成することのほうが実際には多いでしょう。

　リライトには、2種類の典型があるのだと思います。

　ひとつは、国内向けと海外向けで文章のスタイルから変わってくるような案件や、「これって下書きだよね」というようなレター（案）を海外にいる読み手にも理解可能なかたちに全面的に「書き直し」したり、「仕上げ」たりするようなケースでしょうか。文学作品であれば、「翻訳」ではなく「翻案」と呼ばれるかもしれません。こちらは、わかりやすいと思います。

　もうひとつが、ダメ原稿を、訳文言語の読み手が無理なく読めるような訳文にむりやり仕上げねばならない場合。シロウトの書き手の原稿が一度もチェックされないまま表に出ない段階で翻訳にまわってきやすい産業系の翻訳、特に原文が日本語の場合に多いケースです。妙な文章のまま言語の壁を越えるのは難しいため、翻訳者は脳内でまともなかたちにリライトしていることが多いと思います。つまり、この種のリライトは日常的に行われているのだと思います。こうした状況が、「日本語＝非論理的言語」論の温床となるわけですが、英文でも困った原稿は少なくありません。

　本章冒頭部分で、「日本語側からも、他言語側からも引き出せる

ように」表現を「たんす」にしまっておくという話をしましたが、この「たんす」に、リライト前のダメダメ表現を収納してはまずいわけです。「ダメ日本語表現」と「対応英語表現」のペアを収納してしまった場合、同じ「たんす」を英語側から使うと「ダメ日本語表現」が出てきてしまう（逆も同じ）というのは、すぐにわかることですよね。

　でも、ここで注意を喚起したいのは、ダメダメ原文ばかり訳していたのでは、いつまでたっても「たんす」の表現が増えないということのほうです。この状態が進行すると、英和用「たんす」と和英用「たんす」を別々に用意せざるをえないということにすらなりかねません。なるべくきちんとした原文の仕事を手がけるようにした方がよい理由のひとつです。

 4　人工物としての訳文

訳文未満の勝手訳

　普通に文章を書いていれば起きないことが起こるのが翻訳。以下では、その結果生じる「妙な訳文（迷訳）」という現象について整理してみようと思います。

　でもその前に、ひとつだけお断り。

　訳文には、「妙な訳文」よりたちの悪い存在として、「勝手訳」というものがあります。これは、原文からテキトーに情報を抜き取って、その情報をもとに自分の頭の中で再構成した「勝手な」内容を文章化したものです。この場合、「原文に引っ張られる」現象自体が生じないわけですから、訳文言語で文章力のある人が手がける限り、とりあえず流ちょうで読みやすい文章ができあがります。この勝手訳の問題は、もちろん、原文の内容が気ままにアレンジされて

いる(つまり、原文の内容とは通常ずれている)ことにあるわけで、これは発注者との綿密な打ち合わせのもとで行われるリライトとはまったくの別物です。[12]

以下で扱う「妙な訳」は、誠実に訳された文章という意味では、まだ救いのある訳文であることを、承知しておいてください。

訳文ならではのダメダメ文

以下では、翻訳という過程を経るがゆえに生じる「迷訳」とでも総称できるような「妙な訳文」5種を取り上げ、それぞれについて関連性の特に高い(◎)問題状況を説明しようと思います(図8の表参照)。むろん、「妙な訳文」は単一の要因によって生じるわけではありませんから、表には、他の要因も○で示してあります。

問題点	統語論的な問題点			レトリカルな問題点		表現関係の問題点			母語崩壊
	きれつづき	テンス・アスペクト	構文原則	目/耳	語り手と読み手	専門語彙と一般語彙	能動的な語彙や表現の不足	文末表現や接続表現	
ブチブチ訳	◎				○			○	
キョロキョロ訳				◎	○				
ウラギリ訳			◎						
モヤモヤ訳	○	◎			○			○	
ノッペラボウ訳		○	○			◎	◎	◎	
崩壊訳									○

図8

---

[12] 「勝手訳」について。翻訳初心者には、勝手訳への誘惑を感じるフェーズというのがあるようです。この仕事は、転職というかたちで開始する場合も多く、その場合、翻訳開始前に扱っていた分野に通暁していることも多いわけで、極端なはなし、原文のキーワードを見ただけで、何が書かれているかの予測がついてしまう場合もあるでしょう(その予測が正しい保証はもちろんありません)。そして、原文内容に忠実にこしらえたヘタクソ訳より、キーワードをつないで作文した勝手訳の方が、あきらかにデキがよいわけです。その結果、どうしても勝手訳への誘惑を感じることになるようです。でも、ここで勝手訳を磨く方に舵きりしてしまうと、いつまでたっても「読みやすいのだけれども、どうも原文とは違う」訳文しか書けなくなってしまいます。辛抱のしどころと思って、原文の内容に忠実な訳をこころがけてください。

ダメダメ1 ブチブチ訳と「きれつづき」

> 訳すスピードは遅い。そのため、1文ごとに前後も考えずに訳すということにもなりがちだ。※
>
> そういうふうにして訳された訳文は、すぐわかる。訳文ごとにブチブチに切れているからだ。読んでも、中身がちっとも頭に入ってこない。
>
> とりあえず、「翻訳の最低単位は段落」と考えておこう。「きれつづき」を調整するのも、段落単位ということ。気を配るのは、いつも段落単位だ。
>
> 段落単位で訳文の流れを見ていれば、段落間や文章全体の流れも見えてくる。
>
> ※一部の翻訳支援ツールの不用意な利用は、こうした傾向を助長する。

読み手というのは、文章を流れで読んでいるわけです（p.147、図6参照）。また、次ページに引用する坂口安吾の文章でも述べられているように、文章というのは、書かれるときにも「一聯の文章」として書かれているわけです。そうして読まれたり書かれたりするものを1文ずつ独立した形で訳すことなど、もとよりありえません。

「1文ずつ訳す」という感覚は、この際捨ててしまいましょう。訳出過程で「立ち止まった」ときには、少し前まで戻って、そこから「助走」してきて訳すこと。ふっと「絵」を見失ったときも、少し前まで戻って、そこから「絵」を描き直すこと。文章のひとまとまり（意味段落。形式的段落と一致することが多い[13]）を訳し終えたら、最低限その単位で見直すこと。

きれつづきに関しては、p.148-149で説明したので、これ以上の説明は省きます。『プロが教える技術翻訳のスキル』（講談社、2013）のp.121-123に、実際の訳例を踏まえての説明が載っていますので、参考にしてください。

---

[13] 段落をめぐって翻訳で必要になる基本事項については、柳父章『日本語をどう書くか』の「段落の切り方について」（167－181ページ）に書かれています。

なお、翻訳支援ツールについては、p.188 を参照してください。この坂口安吾の文章は、青空文庫でも読めます。

> 私はいつか眼鏡をこわしたことがあった。生憎(あいにく)眼鏡を買う金がなかったのに、机に向かわなければならない仕事があった。
> 顔を紙のすぐ近くまで下げて行くと、成程(なるほど)書いた文字は見える。又、その上下左右の一団の文字だけは、そこだけ望遠鏡の中のように確かに見えるのである。けれどもそういう状態では小説を書くことができない。そういう人の不自由さを痛感させられたのであった。つまり私は永年の習慣によって、眼を紙から一定の距離に置き、今書いた字は言うまでもなく、今迄(いままで)書いた一聯(いちれん)の文章も一望のうちに視野におさめることが出来る、そういう状態にいない限り観念を文字に変えて表わすことに難渋するということを覚(さと)らざるを得なかった。
>
> 『文字と速力と文学』坂口安吾(1940)

ダメダメ2 キョロキョロ訳と「目や耳」

文章というのは、内容を展開するだけの存在ではない。読み手に読み方も教えてくれる。どこに目や耳を置いて読めばよいのか、どちら側に目や耳を向けて読めばよいのか、そうしたことは、通常、文章内にきちんと指示されている。「ここは全体の情景を遠くから鳥瞰的に眺める」、「ここは場面の中に入り込んで一緒に感じる」、「ここは耳を澄ます」、「ここは地点AからBの方向を見る（あるいはその逆）」といった具合。

ただ、ふだん、文章を読んでいても、そういうことに気づくことはない。書く側も、そういう指示は文中に自然と滲み出るものということで、意識していないことが多いだろう。

妙なことが起きるのは、翻訳の場合だ。無意識のうちに逆の指示を訳文中に滲みこませてしまったりする。できあがるのは、キョロキョロ訳。読みにくいだけでなく、いくら読んでもちっとも頭に入ってこない。

原文を読んで「絵」を描くことについては、レッスン1の座談会でも取り上げられています。座談会では、「絵」が「動画」でもあり、「絵コンテ」でもあり……という議論が出てきますが、そうであればこそ、この「絵」には、視覚関連であれば、誰がどこからどのように見ているかといった情報も盛り込まれているわけですし、聴覚、嗅覚、触覚、味覚をめぐる情報も、視覚と連動するかたちで埋め込まれているわけです。

　次ページに引用したのは、川端康成の『雪国』冒頭シーンについての分析ですが、「誰が／どこから／どのように」見ているのかという視覚関連情報が、「ダメダメ4」で扱う「テンス」や「アスペクト」の観点を踏まえて整理されています[14]。

　さらにいえば、読み手は、この『雪国』冒頭部分を読みながら、「冷気が流れ込んだ」や「駅長さん、駅長さん」の箇所では、触覚や聴覚も動員して、目の位置を調節しているわけです。

　例として挙げたのは、文学作品の分析ですが、こうしたことは理系の論文などでも同様です。

　論文の考察で、データをまとめた表に直接視線が向かっている箇所では過去形を使い、同じデータについて一般的に語る箇所で現在形を使うといったことはよくあるわけで、そうしたテンスの選択も「目」の位置と関わっています。目をめぐる議論には、なかなか奥深いものがあるのです。

　原文から「絵」を描き起こす段階でそうしたことがらを加味した絵が描けていれば、できあがる訳文も、それなりのものになるということなのだと思います。

　なお、『プロが教える技術翻訳のスキル』（講談社、2013）の123

---

[14] 歴史的非過去については、鈴木康之『新版日本語学の常識』でも、芥川龍之介の「トロッコ」を題材としてわかりやすく解説されています。

～130ページに、主に英語側の助動詞について、実際の訳例を踏まえての説明が載っていますので、参考にしてください。

まず、『雪国』の冒頭部分を見ておこう。

(a) 国境の長いトンネルを抜けると雪国であった。 (b) 夜の底が白くなった。 (c) 信号所に汽車が止まった。
(d) 向側の座席から娘が立って来て、島村の前のガラス窓を落とした。 (e) 雪の冷気が流れこんだ。 (f) 娘は窓いっぱいに乗り出して、遠くへ叫ぶように、
「駅長さん、駅長さん。」……中略

冒頭文 (a) では、誰か分からないが、汽車に乗っている意識の主体が、トンネルを抜けたまさにその時点で、車窓の景色を眺め、その瞬間、「(そこが) 雪国であることに気づいた」と語っていることが示されている。文 (b) では、その同じ意識の主体が、「夜の底が白くなった」、つまり、「夜の底が白くなることを今認めた」と語っていることが、文 (c) では、しばらくしてから「信号所に汽車が止まる」という出来事が、眼前で「今」まさに完了したものとして語っていることが示されている。……中略

が、文 (d) に注目してみよう。文 (d) の「向側の座席から娘が立って来て」の「向側」とは、誰の「向側」であろうか。また、「娘が立って来た」のは、誰の方に「立って来た」のであろうか。……中略……

このようにして、文 (d) の後半部分で、偏在する意識の主体を「島村」と客体化することにより……。
　　　　山岡實『語りの記号論増補版』松柏社 2005, pp.209-210

ダメダメ3　ウラギリ訳と構文原則

> 　文章というのは、「予測」しながら読むものだ。卓球やテニスでいえば球筋を予測し、そこまで走っていってラケットを構えて「待ち受け」ているような感じ。そうやって届けられた情報をしっかり受け取り、受け取った情報を処理している間に、次の球筋を予測してもう走り出している。文章というのは、このサイクルがうまくいかないとスムーズに読み進めない。
>
> 　訳文には、この「予測」を平気で裏切るようなものが多い。ふだん単一言語内で無意識に書いているときにできていることが、翻訳になると「原文に引っ張られて」できなくなる。語順も、単一言語内で考えながら書いた文章とは違ってきてしまう。その結果のひとつがウラギリ訳ということだ。

　文には、それぞれ構文（くみたて）があり、構文ごとに情報パッケージの届け方の「お約束」のようなものがあります。次ページ引用部分は、*Rhetorical Grammar* という米国の大学生向け教科書で、そうした「お約束」の代表例である「文末焦点」（end focus）[15] について説明している部分です。情報の届け方として、文の前のほうから後ろのほうにかけて既知→未知の順で届けるのが通例であることや、その場合、強調されるのも、記憶に残るのも、後ろ側の未知部分であるといったことが説明されています。

　もちろん、これには例外もあって、文章の冒頭部分などでは、ひとつの文まるごとが新情報であることもめずらしくありませんし、特殊構文（倒置、強調構文）などでは当然ながら事情が変わってきます。

　「既知→未知」といった流れは、思考の機序におおむね沿った流れですし、ふだん文を書くときには、そのままの順序で情報を届け

15　end weight（文末重点）という用語も使用されます。

る場合も、なんらかの事由で逆順にする場合も、特に意識することなくそうしているものだとも思います。そして、この事情は、言語を問わず共通だろうとも思います。

　訳文作成時には、さまざまな制約のもとで語彙も語順も一から組み立て直すわけです。であればこそ、読み手の予測を裏切ってしまうことになりがちですし、裏切らない訳文をこしらえることが重要になってくるわけです。そのためには、原文を読み取る段階で、情報の新旧や、強調部分（記憶に残る部分）についても文のリズムとして読み取っておくことが大切です。

エンド・フォーカス（文末焦点）
　文のリズムは、文の2部構造（主部と述部）や、既知 - 未知という [書き手と読み手の] 取り決めと密接に関わっている。前章では、既知情報が主部の位置に出てくることが多いことを学んだわけだが、その場合、述部中、つまり新情報部分（実際には、文の最後か、最後から2番目のユニットあたりが多い）にプロミネンス（強調）が置かれることはすぐわかるだろう。言語学者は、この一般的なリズムをめぐるパターンのことをエンド・フォーカスと呼んでいる。

　下記の文を読みながら、どの音節が強調されているかに耳を澄ましてみること。

> The common cold is caused by a virus.
> 　　　　　　　（かぜをひくのは、ウイルスのせいだ）
> Barbara wrecked her motorcycle.
> 　　　　　　　（バーバラはオートバイを壊してしまった）
> Sentence rhythm is characterized by end focus.
> 　　　　　　　（文のリズムは、文末焦点を特徴としている）

virus、motorcycle、end を強調しながら読めただろうか。当然だが、文というのは、リストを読み上げるように棒読みにするのではなく、文脈に沿って読むものだ。そして、我々読み手は、文脈や意味を頼りに文を読み、強調すべき箇所を強調するのである。だとすれば、我々書き手がすべき事は明瞭だ。読み手が我々の意図を理解し、重要な情報に集中できるようにしたいのなら、我々は、文のリズムをしっかり考えることで、読み手を手助けせねばならない。

Rhetorical Grammar (7th Edition) Martha Kolln, Loretta Grey（拙訳）

ダメダメ4　モヤモヤ訳とテンス・アスペクト

> 何がどうなっているかが、はっきりしない訳文というのがある。
>
> その何かは「いつ」起こったのか（テンス、tense）。もう「終わった」のか、まだ続いていて「始まったばかり」なのか、「たけなわ」なのか、「終わりかけている」のか（アスペクト、aspect）。そうしたことが、どうにもモヤモヤしていて、さっぱり伝わってこないのだ。
>
> 原因は、原文を読む段階で、そのあたりをきちんと整理できていないことにある。原文から読み取った「絵」がぼやけているのだから、訳文がモヤモヤしているのも当然だろう。
>
> テンス・アスペクトの仕組みは言語ごとに違う。「原文が過去形だったから、訳文も過去形で訳した」式のことをやっていると、モヤモヤ訳になってしまう。
>
> まずは、テンス・アスペクトについてもきっちりした「絵」を描くこと。そこからしか始まらない。

　テンスとアスペクトの概念をきちんと整理しておかないと、きっちりとした「絵」を書くことはできません。ただ、「テンス」はともかく、「アスペクト」のほうは、高校英文法で取り上げられることが少ないということなのか、「それなぁに？」という人も多いよ

うです。少し説明すれば、何のことかまではピンと来るはずなので、まず、ごく簡単に説明してみましょう。

He is reading a book. とか、He has read a book. といった文について、「いつの話ですか？」と尋ねると、たいていの人は「現在」と答えるだろうと思います。この部分が「テンス」。「では、読むという動作は、今継続中なの？　完了しているの？」と尋ねれば、たいていの人は「前者は継続中で、後者は完了している」と答えるだろうと思います。この部分が「アスペクト」です。

それだけのことなのですが、ここで問題があります。テンスとアスペクトの体系は言語ごとに異なるのです。なので、原文が原文内の体系で「過去」だから、訳文でも「なんか似たふうに訳しておいた」というのでは原理的にまずいわけです。ともかく、一度、テンスとアスペクトが明瞭な「絵」を描くこと。そう心がけるだけで、訳文の靄が５割方晴れるかもしれません。

そこで、提案です。実地で「絵」を描く練習をしてみませんか。とりあえず、下記の１）〜３）だけ読んだら、これから３日間、まずは日本語で、出合う文章のすべての述語的単語（動詞述語、形容詞述語、名詞述語、それらが名詞化されたもの、つまり「ありったけ」）について、「その何か」は過去に起きたのか、今起きているのか、これから起こるのか（テンス）、そして、当該時点で「終わっている」のか、まだ続いていて「始まったばかり」なのか、「たけなわ」なのか、「終わりかけている」のか（アスペクト）を判断したうえで絵を描く作業をしてみてください。慣れたところで、『日本語の文法』など、テンスやアスペクトを複数言語を往き来可能なかたちで扱った教科書を読めばよいでしょう。

１）とりあえず、p.168-169 の引用部分の表と説明を読んでみてください。ここで、「非過去」というのは、過去以外（未来のことや現在のこと）のことです。また、これは動詞の例ですが、「空が赤い／

赤かった」「それはドアだ／ドアだった」というように形容詞や名詞が述語になるときにも、テンスの対立はありますし、文脈を考えることで、「赤い」状態や「ドアである」状態が、その時点で「終わっている」のか、まだ続いていて「始まったばかり」なのか、「たけなわ」なのか、「終わりかけている」のかというアスペクト的判断が可能です。

2）また、用例ごとに判断することも大切です。「ごはんを食べている」なら、十中八九「食べる」動作が継続しているのでしょうし、「窓が開いている」なら、これまた十中八九「窓が開く」という変化が終わった状態が継続しているのでしょう。でも、「燃えている」なら、「今、火がぼうぼう燃えている」というように「燃える」動作が継続中のケースと、（戦後になって空襲の結果について論じている文脈で）「この地区は燃えているが、あの地区は燃えていない」というように「燃える」という変化が終わった状態が継続しているケースの両方があります。必ず文脈から判断することが大切なゆえんです。「自分ならどう英訳するだろうか」と考えてみれば、すぐわかると思います。

3）最後に、過去のことを述べている場合にも、過去形が使用されないケース[16]を、とりあえず3つ覚えておきましょう（どれも、日英共通）。

1つ目は、「体言止め」や名詞のかたちに丸められている場合。テンス・アスペクトは文脈から判断すること。例：「彼等は一度に手をはなすと、トロッコの上へ飛び乗った。トロッコは最初徐ろに、それから見る見る勢よく、一息に線路を下り出した。その途端

---

16 「〜た」というのは過去であることを示すだけでなく、「〜です」や「〜でございます」ほどうるさくはないものの、読み手に対して語り手のプレゼンスを感じさせる表現です。これらのケースでは、語り手のプレゼンスが消えることで、読み手は描写内容に集中できるわけです。なお、この点は「文体」にも関わってきます。論文・論説文等で「です・ます調」でなく「である・だ調」が使用されるのも、語り手のプレゼンスをあまり感じさせずに内容に集中できるようにするためと考えればよいと思います。

につき当りの風景は、忽ち両側へ分かれるように、ずんずん目の前へ展開して来る。顔に当る薄暮の風、足の下に躍るトロッコの動揺、——良平は殆ど有頂天になった。」(芥川竜之介『トロッコ』)の下線部分。

2つ目は、「歴史的非過去」。過去のことを述べている最中でも、目の前で展開していることをありありと描写する場合には、「非過去」のかたちが使われるというケースです。例：上記の例の波線部分。

3つ目は、普遍的な事象についての描写。これは非過去のかたちで記述されるのが常です。例：「水は酸素と水素でできている」。

とりあえず、これだけ身につけておけば、なんとか「テンス・アスペクトが明瞭な絵」が描けるはずです。

描けた「絵」を訳文にどう反映するかについては、ゆっくり考えていけばよいと思います。

つぎの4文がのべていることがどうちがうか、かんがえてみよう。
①かれは　いま　ごはんを　たべる。
②かれは　いま　ごはんを　たべた。
③かれは　いま　ごはんを　たべて　いる。
④かれは　いま　ごはんを　たべて　いた。

まず①と②、③と④をそれぞれくらべる。①は未来のことを、②は過去のことをのべている。③は現在のことを、④は過去のことをのべている。この両比較は、どちらも、このデキゴトがいつのことかという点で対立しているといえる。つまり……中略

つぎに①と③、②と④をそれぞれくらべる。①と③は、基準となる時間（これらの文では、それぞれの文の「いま」という単語がさししめす時点）を、そのデキゴトがまたいでいないか、またいでいるかという点で対立する。……中略

いまのべてきたことは、テンスおよびアスペクトのカテゴリーによって整理される。つまり、現代日本語の動詞は、テンスとアスペクトのカテゴリーをもっていて、アスペクトにおいて、完成相と継続相の両形式に分化し、その両形式が、さらにテンスのカテゴリーにおいて非過去形と過去形に分化する。このことによって、動詞は、アスペクト・テンスの観点から、次のよっつの語形をもつことになる。

テンス＼アスペクト	完成相	継続相
非過去形	する	している
過去形	した	していた

『動詞九章』高橋太郎（1989 → 2003）

ダメダメ5　ノッペラボウ訳と語彙・表現問題

　どうにも表情がなく、頭に入ってこない訳文というのがある。単調でメリハリがないのだ。3パターンに分けて考えてみたい。
　パターン1。能動表現が少ないことに起因すると思われるノッペリした訳。母語への翻訳に関する限り、これは、とりあえず手持ちの語彙や表現の多寡とはあまり関係ない。では何が問題かといえば、実際の翻訳時に使う語彙や表現が少ないということ。「この英文表現ならこう訳す」の「こう訳す」の範囲が狭すぎるため、自分がふだん使っている語彙や表現の2割か3割しか使えていなかったりするのが原因。
　パターン2。切れ目がはっきりしないことに起因すると思われるしまりのない訳。これも、「原文に引っ張られて」、訳文内での流れを把握できない結果として生じる。着目点は、分節（単語）末と、文末の表現。たとえば、段落末なら、ふだん単一言語内で文章を書いているときに「さあ、まとめるぞ」という段で使うような文末表現を使うこと。
　パターン3。専門語とそれ以外の語彙との区別がきちんとついていないことに起因すると思われるメリハリのない訳。ある文章で、どれが専門

> 語で、どれが日常表現なのかは、書き手と想定読者との関係に応じて決まる。どれがその文章での専門語なのかを見分けるのが簡単でない以上、専門語を専門語として訳すのは、実はそう簡単なことではない。どんな文章でも、「お約束」のような語彙や表現というのがあるわけで、そこをまちがえると、つかみどころのない文章になってしまう。
>
> 　これらを、ノッペラボウ訳と総称する。

　使える語彙や表現が足りないという問題は、翻訳にまつわる宿命のようなもので、下記に引用した幸徳秋水の『翻訳の苦心』(青空文庫収載)でも取り上げられています。でも、まずは、次の3つのパターンに特化して考えてみませんか？

　パターン1：　とりあえず、訳文のバラエティを増やしましょう。人によっては劇的な効果が見込める方法です（本章 p.153-154 参照）。次に、翻訳時に使用する辞書から、最大限のヒントを入手しましょう（辞書は、コロケーション辞書も併用すること。[17] コーパスと辞書を往き来できるようにしておくと効果的です [18]）。英和・和英の双方向を手掛けている方は、和英時に収集した表現を英和でも使用できるよう（そしてその逆）、「たんす」を一本化しましょう（本章 p.137 参照）。そして、訳文で使用する語彙や表現を決定する前に、候補を複数挙げてみるようにしましょう（レッスン2参照）。こうした地道な努力には相乗作用がありますから、能動語彙や能動表現は短期間で驚くほど増えるはずです。その過程で、いつか使えるかもしれない（非能動）語彙や表現も少しずつ増えていくものです。

17　代表的なコロケーション辞書としては、世界初のコロケーション辞書である勝俣銓吉郎『英和活用大辞典』(1939)やその改訂版である『新英和活用大辞典』(1958)を母体とする研究社の『新編英和活用大辞典』(1995、電子化版はロゴヴィスタ社刊)や、海野文男・海野和子編『ビジネス技術実用英語大辞典』(通称「うんのさん」)があります。両海野氏はもちろん、勝俣氏も記者時代の経験を出発点としてこの辞書を編纂したというところでは、日本のコロケーション辞書は、翻訳の現場を出発点とすると言っても過言ではありません。

18　高橋 (2014) 参照。

パターン2: 文末表現について提案があります。これも実地で練習してみませんか。まず、自分が最近（訳した文章でなく）書いた文章の文末表現を拾ってみます。[19] 自分の文章を少し客観的に見られるようになったところで、書棚の前に立って、最近出版された少し硬めの（翻訳書やマニュアル以外の）本を手にとって、同じ作業をしてみます。このときには、頭の中に音を響かせてください。それぞれの本の執筆者の癖みたいなもの（この人はこんなときには、こんなふうに処理するのだな、という部分）が見えたら、その本を書棚に戻し、次の本で同じ作業をしてみてください。集中して作業すれば、一冊に何分もかからないはずです。忘れたころに、同じ作業をしてみると、また新たな発見があるでしょう。[20]

パターン3: 実は、このパターンが一番厄介かもしれません。技術系の翻訳などでは、専門語（テクニカルターム）の処理は、基本中の基本なわけですが、ここで「表記問題」が顔を出します。漢字語（やカタカナ語）、それに「～化」「～性」といった語彙は、何でも専門語に見えてしまうのです。同じような問題は、英語側にもあります。「辞書」と「文脈」にまめに相談するしかありません。

「一般語」と「専門語」では、訳出時の処理のしかたが逆といってよいほど違います。「一般語」のほうは、同一文書内であっても、

---

19 自分の文章の例（2014年）を挙げておきます。「～よいのではないか。～しばらくたつ。～時期があった。～時期のことだ。～時期だったのだろう。（改行）～可能となることだ。～多々ある。～重複している。～見直されつつある。～立ち上がってくるだろう。（改行）～言うまでもない。～反撃となるはずだ。（改行）」

20 文末表現で「拾う技術」が身についたところで、分節末表現についてもチャレンジしてみましょう。大事なのは、「どんなときにどんなふうに」使われているのかについてしっかり考えることです。例1:「～は」と一緒に、「～については」などだけでなく、「～の場合は」、「～のケースでは」といった、どう考えても「助詞」という概念には収まりきらないものも「仲間集め」して異同を整理しておくとよいと思います。例2:「～についての」の仲間集めとして、「～に関しての」「～をめぐる」「～をめぐっての」などをチェックしておくと、「～の～の～の」を回避するために「についての」のかわりに「～をめぐる」を利用できる場合とできない場合の峻別なども、楽にできるようになります。

その箇所ごとに、文脈に即して適切な語彙を選んで訳出するのが原則であるのに対し、「専門語」のほうは、その分野の《決まりごと》と紐つけされているわけですから、そのことがわかるように決まった語彙で訳さねばならないわけです。「一般語」を「専門語」として訳しても、「専門語」を「一般語」として訳しても、訳文はグジャグジャの距離感に欠けたものになってしまいます。しかも、そこに「新語（新しい専門語であることが多い）」という問題がかぶさってきます。「新語」については、個々に訳語選定の手続きを踏まねばなりません。丁寧な処理が望まれる部分です。

> けれど兎に角翻訳を思ひ立つ以上は、原文は十分に解し得られる、自国文を読むが如くに咀嚼し得たものと仮定しても良いが、扨て書き出すと、直ぐ今度は訳語撰定の困難が来る、原文の意義は十分に解つて居ても、此意義を最も適当に現はし得る文字は、容易に見つかるものではない、余程文字に富だものでも嚢の物を探るやうには行かぬ、其苦心は古の詩人が推敲の２字に思ひ迷つたのと少しも異なる所はない、其処で負惜みの先生は、どうも日本語や漢語は、適当な熟語に乏しくて困るとつぶやく、其実熟語に乏しいのではなく、其人の腹笥が乏しいのだ、と故兆民先生は語られた、故思軒居士や、鴎外君などの翻訳の自在なのは、彼等の文字に富むてふことが有力な武器であるに違ひない。
> 『翻訳の苦心』幸徳秋水（1908）

人工物としての訳文と母語崩壊

妙な文——ブチブチ訳、キョロキョロ訳、ウラギリ訳、モヤモヤ訳、ノッペラボウ訳——という視角からアプローチすることで、ふだん何気なく読んだり書いたりしている文や文章に、どれだけ多くのことがらが埋め込まれているかの一端が伝わったでしょうか。翻

訳では、そうしたことがらのすべてを、バランス良く再現せねばならないわけです。

　本章では、翻訳という作業が、文章を書くというところでは「不自然きわまりない」作業であることについても説明してきました。訳文というのは、そうした作業の産物である以上、ある種「人工物」としての側面も持っているわけです。

　このことを別の角度から考えると、翻訳という作業の持つ危険性も見えてきます。「単語だけ置換しておきました」というような訳文をはじめとする「へんな文章」[21]ばかりをこしらえたり、見たりしていると、本来単一言語内で「自然に」できていた各種の調整作業までできなくなってしまうようです。そして、一度母語での文章作成能力が崩れてしまうと、仕事を続けていくことも難しくなってしまいます[22]。

　たかが文、されど文——長く大切につきあっていきたいものです。

課題（p.148）の参考解答例
課題文1
1）

　論文の / 書き方に関する / 指南書は // これまでも / 数多く / 出版されているが /// 本書が / 画期的なのは /// いかにして / 論文執筆の / モチベーションを / 上げ // 精神的負担を / 軽くして // 論文執筆に / 取り組めるようにするかについて /// メンタルな / 面を / 含めて // 冷静に / 分析し /// その / 解決策を // 誰にでも / わかるように // 明瞭に / 提示している / 点だろう。

21　へんな訳文の例としては、機械翻訳の産物、不用意に置換しまくった原文、翻訳メモリー収載の訳などがあります。
22　崩壊してしまった母語感覚のリハビリについては、次項を参照してください。

2) と 3)

　論文の書き方に関する指南書はこれまでも数多く出版されているが、本書が画期的なのは、いかにして論文執筆のモチベーションを上げ、精神的負担を軽くして論文執筆に取り組めるようにするかについて、メンタルな面を含めて冷静に分析し、その解決策を誰にでもわかるように明瞭に提示している点だろう。

課題文2
1)

　繰り返しになりますが/// 翻訳時には /// 原文と / 訳文とを // 超速で / 往き来しながら /// 原文側と / 訳文側で // 同時並行的に // 作業を / 進めています。

2) と 3)

　繰り返しになりますが、翻訳時には、原文と訳文とを超速で往き来しながら、原文側と訳文側で同時並行的に作業を進めています。

解説：

　課題では、母語でのスラッシュ・リーディングを行いました。この作業は、文字列を見ながら頭の中に音を響かせ、その音を聴きながら文の切れ目を確認する作業です（以下図9参照）。逆に、音（読み上げられた文章）を聴きながら、文字に落とすのがディクテーション（伝統的には、紙と鉛筆での「書き取り」）、音を聴きながら、聞き取った文章を時間差なしでしゃべるのがシャドウイング（声の「書き取り」）ということになります。高橋（2013, p. 135-141）は、シャドウイングをさらに発展させるかたちで、音を聴きながら文字列を思い浮かべる訓練（エア・ディクテーションと名づけました）を提唱しています。エア・ディクテーションは、単に文字列を思い浮かべるだけでなく、パンクチュエーションやレイアウトまで思い浮か

べてみるといったかたちで展開することも可能です。

文字を使った作業というのは、単一言語内であってさえ、図9にまとめたすべて（トレーニングとして実施されているわけではない※の部分も含むすべて）を駆使することでようやく遂行できている作業です。その各過程を取り出して訓練する手法が書き取り等の教育手法だということになります。

原文言語と訳文言語で、新しい内容や表現を効率的に取り入れていく必要のある翻訳者も、こうした教育手法を積極的に利用していくことが求められています。

以上、エラソーなことを書きましたが一線の翻訳者というのは、こうしたことをすべてクリアなさっている方が大半だと思います。表にまとめたのは、一線の翻訳者のスキルを分解したものというふうに考えて差し支えありません。

なお、この手法は、普段、母語での文章スキルが崩れてしまった場合のリハビリとしても、とても有効です。

ソース ＼ 変換後	一般音声	脳内音声	脳内文字列	書き文字列
一般音声	シャドウイング	※	エア・ディクテーション（高橋、2013）	書き取り（ディクテーション）
脳内音声	※	※	※	罰として、「もう遅刻しません」と百回書かせるなど
脳内文字列	※	※	※	漢字書き取りの2回目以降
書き文字列	音読、朗読、読み聞かせ	黙音読、スラッシュ・リーティング	※	書き写し、漢字書き取りの1回目

図9　ことばの活動や訓練のいろいろ

参考文献：
グリーンバウム、クヮーク著、池上嘉彦他訳『現代英語文法大学編』（1995）紀伊國屋書店
幸徳秋水『翻訳の苦心』（1908）青空文庫
坂口安吾『文字と速力と文学』（1940）青空文庫
鈴木康之「作家のイメージする世界―芥川龍之介「トロッコ」」『新版日本語学の常識』（2005）数学教育研究会
島一徳『童蒙英学初歩』（1871）早稲田古典籍総合データベース
高橋さきの「化学・バイオ系の技術翻訳者が伝えたいこと」時國滋夫編『プロが教える技術翻訳のスキル』（2013）講談社
高橋さきの「辞書の向こう側：生きた用例と辞書を往き来する」『カレントアウェアネス』（320）、2-5、2014-06-20　日本図書館協会（http://current.ndl.go.jp/ca1821）
高橋太郎「文の途中での切り方」、岩淵悦太郎編『悪文』（1961）日本評論社
高橋太郎『動詞九章』（1989 → 2003）ひつじ書房
高橋太郎ら『日本語の文法』（2005）ひつじ書房
柳父章『日本語をどう書くか』（1982 → 2003）法政大学出版局
山岡實『語りの記号論増補版』（2005）松柏社
山口豊編『岸田吟香「呉淞日記」影印と翻刻』2010 武蔵野書院
Rhetorical Grammar 7th Edition Martha Kolln, Loretta Grey 2012 Longman

レッスン5

翻訳者のお悩み相談室──
4人でお答えします

　翻訳者がよくぶつかる疑問13に、執筆者の4人が140字以内で回答します！　事前打ち合わせは一切なし、読んでビックリの回答集です。

Q1 どうしたら翻訳が上手になれますか？

高橋（さ） 一点だけに絞るなら、訳出時に「どうしてそう訳したか」を常に説明できるようにしておくことだと思います。このことが、次回似たような箇所が出てきたときに「なぜ今回は前回と同じように訳せないのか」という疑問につながります。すべてはそこからです。

井口 「少しでも多くのことを考えて翻訳する」をくり返すしかないと思います。毎回苦しみ、いまの自分にとって最良の訳文を生みだしつづけることでしか、「最良」のレベルを引き上げる方法はない、と。翻訳メモリーや機械翻訳などで楽をしようと思えば実力低下が待っています。

深井 数やるしかないのではないでしょうか。手を動かせば動かすほど、上手になると思います。また授業では「宿題をやって来る」「授業で解説を聞く」だけでなく、「第2稿を作る」ところまでがワンセットとお伝えしています。書籍などで自習するときも同じようにするといいでしょう。

高橋（あ） 基本的には、スポーツとか楽器演奏と同じでしょう。基礎体力を作る。基礎練習を大切にして反復する。たくさん練習する。考えながら練習する。仲間と練習する。うまい人と練習する。人に見てもらう。アドバイスしてもらう。直してもらう。技術を盗む。いい試合を見る。毎日欠かさず接する……。

Q2 日本語力をつけるには、どうしたらいいですか？

高橋(さ) まず、ジャンル非限定で本をたくさん読み、要所要所で黙音読して文章のリズムを身につけましょう。それが訳出時の羅針盤になります。また、文章を書いた経験は「読み」につながります。《書けなければ読めない、読めなければ訳せない》という意味で、翻訳にとっては書くことも大事です。

井口 なるべく、日本語で書き起こされたいい日本語だけに接するようにしましょう。最近はいい日本語文法の本が出ていますから（一部は本書にも紹介されています）、そのあたりを参考に、どういうふうに書かれているのか、違う書き方をしたらどうなるのかなどを分析しつつ読めば一番です。

深井 まず、良い文章をたくさん読むこと。翻訳された日本語ではなく、日本人が日本語で書いた優れた文章を、細部を意識しながらたくさん読みます。書く方は、ブログでもツイッターでもいいので、とにかく毎日、読み手を意識して推敲しながら書く訓練をしましょう。

高橋(あ) いい日本語を読む。ときには書き写す。自分で書いてみる（SNSでもいいけどブログがおすすめ）。下手な日本語を読んだら、問題点を指摘して、その理屈も付けてみる（その過程で国語辞典もたくさん引くことになるはず）……。

Q3 全部読んでから訳しますか、それともかたまりごとに読んでから訳しますか？

高橋（さ） 原則として、読んでから訳しています。さんざん悩んでわからなかったことがらの説明が後段で出てくるのは日常茶飯ですし、たぶん、その方が速いはずです。

井口 普通は全部読んでから訳すべきでしょう。ただ、私自身は、基本的に、あらかじめ読まずに頭から訳していきます。実務系やノンフィクションは頭から読んでわかるように書かれていることが多く、であれば、初めて読んだとき読者としてなにを感じるのかを忘れないうちに訳文を作りたいと思うからです。

深井 基本的には全部読んでからですが、時間がなく、レギュラーの仕事などで様子がわかっているときには読みながら訳すこともあります。

高橋（あ） 内容と分量によりけりです。手慣れた分野や定期案件の場合には、頭からいきなり訳に入ります。ただし、定期案件でも冒頭の数パラグラフを読んで厄介そうだと感じた場合は通読することもあります。初めて扱うような分野や文体の場合は、（ほぼ）すべて読んで、下調べもしてから訳にかかります。

Q4 原文が長い場合、訳文は切って訳してもいいのですか？

高橋（さ） ロジックが崩れないのであれば、切ること自体はかまいません（つまり関係代名詞の前で機械的にチョッキンなどというのはご法度）。ただ、長い文であっても、文中の大きな切れ目と小さな切れ目を工夫することで、文を切らずに読みやすい文に訳せるケースがかなりあるはずです。

井口 「長いから切る」とか「そのままでは訳しにくいから切る」はまずいと思います。文を切るもつなぐも、理由は、論理の流れや表現の訴求力を原文と同じレベルとするために必要であれば、でなければなりません。そういう理由であれば、短い文を切ることもあれば、長い文同士をつなぐこともあります。

深井 原文を読んだ読者が思い描く絵と訳文を読んだ読者が思い描く絵が同じになるのであれば、切っても（あるいはくっつけても）構わないと思います。切ったり貼ったりすることで、同じにならなくなるのでは困ります。

高橋（あ） 「長い」の内容によります。効果を狙ってわざと長く書いている場合は、その効果を再現して基本的には切らずに訳します（ただし、それも限界があったりします）。通常の産業翻訳、特にマーケティングの場合は、むしろだらだらしているだけのことが多いので、その場合はばっさり切っています。

Q5

「同じ情報を同じタイミングで」「足さない引かない動かさない」と言いますが、どの程度まで順番は変えていいものですか？パラグラフの中では？センテンスの中では？

高橋（さ） 1) ロジックを崩さない、2) シーケンシャルな順序を崩さないが鉄則です。「お寺の花子さんが柿の種をまきました。芽が出て、ふくらんで、花が咲いて、じゃんけんぽん」という手遊び歌がありますが、「種をまく→芽が出る→ふくらむ→花が咲く」の順番を変えるのはご法度ということです。

井口 構造が大きく違う言語間の翻訳で、すべての情報を同じタイミングとするのは不可能です。だから、順番が大事な情報は同じ順番とし、それ以外は収まるところに収めます。なお、問題となる「順番」が文内の順番だったりパラグラフ内の順番だったり文書内の順番だったりする点にも注意が必要です。

深井 原文を書いた人が敢えて後に出した情報、敢えてぼやかした情報を、「わかりやすくする」ために最初に出したり、はっきり書いたりするのはダメでしょう。それでは書いた人の努力が台無しです。また英語のパラグラフには「概要」→「詳細」という構造が多いので、それは崩したくないところです。

高橋（あ） 「同じタイミング」ということを、英語と日本語で同じようには語れないこともあります。たとえば、英文で強調のために前のほうにあるからと言って、日本語で前に置いて同じ強調になるとは限らないということです。「足さない引かない」についても、単語レベルで考えるのはあまり意味がありません。

Q6 訳語Aと訳語Bで迷ったら、どうやって選べばいいのでしょうか。

高橋(さ) まず原文の「絵」を描き直しましょう。その「絵」に近いのが、訳語Aを使った表現なのか、訳語Bを使った表現なのかというところで選べばよいわけです。その過程で、もっと別の表現が思い浮かぶかもしれません。

井口 その言葉の重要度次第ですね。キーワードなら徹底的に悩みましょう。キーワードは文書のあちこちに出てくるので、ずらっと並べて見比べると、どちらが適当か決まることも少なくありません。重要度が低い場合は、えいやっとどちらかに決めてしまい、重要度の高いことに時間を残しましょう。

深井 まず文法的に解決がつかないか考えます。次にその箇所以外で判断材料となる言及がないか調べます。それでダメなら(可能な場合は) 原著者に尋ねます。それでもわからなければ、最後の手段。腹をくくって文脈に合う方に決めます。いずれのステップも、理由を第三者に説明できる必要があります。

高橋(あ) 迷っている訳語候補を、訳文言語側の辞書で調べます。英和なら国語辞典ですが、和英で英語に戻してみてズレを見るという手もあります。コーパス(「少納言」など)で用例も確認しましょう。それでも差がない場合は、訳文の中での落ち着きを考えます。字面や前後の文字、読んでみたときの音も大切です。

Q7 どこまで調べてから訳し始めるものなのでしょうか。調べ物がきりがないんですが、どこでやめればいいですか？

高橋（さ） やめなくてもよいのではないでしょうか。調べ物にいくら時間をかけてもよいということです。とはいえ、最初の方の調べ物に深入りした結果として終わりの方の調べ物がおろそかになったり、訳文作成に十分な時間をとれなくなったりするようでは困ります。

井口 基本は「締め切りまでにある程度の余裕をもって仕上げられるタイミングで訳出にかかる」でしょう。この判断をするためにも、自分の訳出速度や見直しの速度などを把握しておくべきです。「ある程度の余裕をもって」も大事です。ぎりぎりのスケジューリングはだいたい破綻しますから。

深井 時間で区切るのがいいでしょう。日頃から自分の処理スピードを把握しておき (p.58 参照)「これ以上調べたら、原稿を書く時間が足りなくなる」という制限を設けます。あらぬ方向へ突っ走らないためには、事前に全体を通し読みし必要な調べ物の見当をつけておく（ヤマをかけておく）ことも大切です。

高橋（あ） まず原則論。「きりがない」と思っているうちは、正解に行き当たっていない可能性があるので、「これだ」と納得できるまでは調べたいところ。次に現実論。実際には時間の制約があるので、いわゆる申し送りもありえます。その場合は単に「不明」ではなくどこまで調べて何がわかったか書いておきます。

Q8 訳文は最初にざっくり作るのか、それとも完成形に近いものを作るべきなのでしょうか。

高橋（さ） 読んですぐわかるような原文なら、ワンパスで完成形に近いものができるはずです。そうでない場合には、原文と訳文を何度も往復する準備作業が必要になりますが、最終局面では、原文で「絵」を描く《助走》から完成形に近い訳文を作成するまでをワンパスで決めましょう。

井口 自分に合っているほうのやり方でどうぞ。最初から完成形に近いものにするほうがスピードは速くなりがちでいろいろと得だったりしますが、翻訳で大事なのはスピードより仕上がったものの品質です。たぶん、たくさん訳しているうち、自然とどちらかに落ちついていくはずです。

深井 人それぞれですが、わたしは完成形に近いものを作っていくのが好きです。何でもいいから日本語にしておきたい、納められるものを少しでも多く作っておきたいという気持ちもわかりますが、ざっくり訳に後から手を入れようとしても、時間切れになったり、直し忘れが出たりしがちです。

高橋（あ） 人によって違うようですが、私は「ざっくり」はやりません。最初から8～9割の完成度で書いていきます。そうしないと、文末表現などが決まらず、次の文頭も決められず、文章の「流れ」を作れないからです。もちろん、自分の考えた「流れ」が違っていると気付いたら、その時点で戻ってやり直します。

Q9 翻訳支援ツールは使ったほうがいいのですか？

高橋（さ） 今のそれはほんとうに「翻訳支援ツール」なのでしょうか？ ブチブチ訳の温床になっているようにも思います。紙と鉛筆の時代、最大の「翻訳支援ツール」は、PC などの入力ツールでした。スペルチェック、辞書引き、過去訳を参照する GREP、差分チェックツールなども翻訳作業を「支援」してくれました。

井口 単語をコピーして辞書ブラウザに貼り付けるなど、考えずに手を動かすだけの処理はツールに任せたほうがベターです。対して、訳文の案出にかかわる部分など考えるべきところまでツールにでしゃばらせてはいけません。世の中に出回っている翻訳支援ツールはでしゃばるものが多いのが頭痛の種です。

深井 「ツール」と名のつくものは使っていませんが、正規表現、秀丸マクロ、AutoHotKey などは、表記の統一程度の作業には使います。

高橋（あ） ケースバイケースですが、「使わずに受注できるなら使わなくていい」というくらいでしょう。ただし、少なくとも翻訳学習の一環として使うのは厳禁です。念のために言うと、いわゆる「翻訳支援ツール」は「翻訳を支援」してくれるわけではありません。「翻訳作業を支援」するだけです。

Q10 翻訳の仕事をするなら翻訳メモリーが必須と聞きました。いろいろあるようですが、どれを買えばいいのでしょうか。

高橋(さ) わかりません。使っていません。

井口 ローカリゼーションは翻訳メモリー必須ですし、最近は、「どうしてこんな分野で？」と首をかしげるような分野でも翻訳メモリー所有が条件の求人もあります。でも、力を付けたければ、なるべく翻訳メモリーを使わないことをお勧めします。あまり語られませんが、弊害があるからです。

深井 私は使っていません。

高橋(あ) 一般的に必須とは言えません。分野しだいで、IT翻訳ならほぼ必須です。その場合、お客さんの指定があるはずですから「どれを買えばいいか」という選択の余地はありません。分野の事情は関係なく自分の判断で使うということなら、私までメールください。

Q11 未経験者可とのことなので機械翻訳のポストエディターから仕事を始めようと思うのですが、いかがでしょうか。

高橋（さ） ポストエディットは、翻訳とはまったく別の職種です。翻訳者にとって一番大事な文章についての「勘」は、こうした人工的な「文章もどき」とほんの何日か格闘しただけで狂いはじめ、やがて「母語が壊れ」＊ます。翻訳者志望の場合はやめておいたほうがよいかもしれません。(＊ レッスン4、p.173 参照)

井口 後々翻訳者になりたいのなら、機械翻訳のポストエディターは避けるべきです。機械翻訳の出力文を読みつづけると翻訳者の基盤である言語感覚そのものが狂います。やるなら、ずっとポストエディターで食べていくと覚悟を決めてやりましょう。

深井 翻訳とポストエディットは別の仕事と理解しています。PEの経験が翻訳力向上に役立ったという話は、私は聞いたことがありません。機械翻訳のおかしな文章の影響を受けて、日本語がおかしくなっている人は見たことがありますが。

高橋（あ） ポストエディット（PE）は、翻訳とはまったく別の仕事と考えてください。PEの業務は、翻訳業界の勉強にはなるかもしれませんが、翻訳の勉強にはなりません。機械翻訳の出力ばっかり眺めていたら、自分の言語脳が間違いなくおかしくなります。機械翻訳の進歩に関心を持つのはOKです。

Q12 機械翻訳の進歩は、翻訳者にとって脅威なのでしょうか。

高橋（さ） 翻訳が必要とされている文章は、1）しっかり使われる文章と、2）概略だけわかればよい文章に大別されますが、2）は、長期的には機械言語処理によって行われる趨勢にあります。1）で必要とされる水準の仕事ができないと、前途は厳しいでしょう。そのためにも、本書を活用してください。

井口 機械翻訳の進歩とはちょっと違いますが、「機械翻訳＋ポストエディット」で翻訳の一部を代替しようという動きが、今後、実力が一定レベル以下の翻訳者から仕事を奪っていく可能性はあると思っています。対策は、そういうやり方では代替できない品質を生みだせる翻訳者になること、でしょう。

深井 二十余年前からそう言われていますが、人間翻訳者は絶滅していません。とはいえ「人間に頼む予算がないので、自動翻訳でやります」とおっしゃるクライアントが急増したのは確かなので、お金をかけても人間に依頼したいと思わせるだけの価値を提供できるようにならなければいけません。

高橋（あ） 翻訳者の仕事が部分的に蚕食されることはあるでしょう。それ以上に、読み手の要求水準が機械翻訳のレベルまで下がっていくのではないかとも懸念しています。ちょっと変でも意味が通じる文章が巷にあふれ、読み手がおおむねそれでよしとなったとき、本来のまっとうな文章は存在価値があるのでしょうか。

Q13 専門分野ってどうやって決めたらいいですか？

高橋（さ） 興味を持てるかどうかが第一だと思います。これは、仕事として出てくる文章に対して興味が持てるかどうかというだけではありません。その分野の最新の内容をフォローしつづけるための各種作業に興味を持てるかどうかという点も大事です。

井口 ポイントはふたつ。「興味が持てるか」と「仕事があるか」です。この両方にイエスと答えられるものを専門にしましょう。高単価につられて専門を選んでも、おもしろくなければ勉強に身が入らなくて品質が上がらず、結局単価は上がりません。それくらいならニッチの頂点を目指しましょう。

深井 自分がそのネタについて1時間語れるものをお勧めしています。仮に需要が大きい、もしくは単価が高い分野を選んだとしても、自分が詳しくなければ、その道の専門家を納得させられる訳文を書けるようになるのには大変な努力が必要です。どんなにニッチな分野でも、自分が一番詳しければ仕事は来ます。

高橋（あ） 好きな分野、でいいんじゃないですか ^^
質問と直接関係はありませんが、仮に専門分野があったとしても、翻訳はできるだけそれ以外の分野でもやってみるといいと思います。産業翻訳者でも、ときにはフィクションを訳してみるべきです。

レッスン6

翻訳フォーラム「バトルトーク」紙上再現

高橋 さきの × 井口 耕二

　ここでは、2015年5月に行われた「翻訳フォーラム・シンポジウム」内の「バトルトーク」を採録しました。熱い対話の中に、翻訳を行うに当たっての重要なヒントがいくつも出てきます。

高橋: 初めてお会いする方もたくさんいらっしゃると思うので、今まで私たちが共有したイメージとして持っている事柄について整理してみたいと思います。

私たちは翻訳者で、原文というものを訳文に変えるのが仕事です。原文が英語とかドイツ語でそれを日本語にする場合も、母語である日本語から別の言語に持っていく場合もあると思います。それで、私たち翻訳フォー

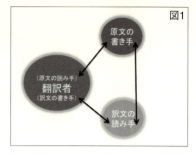

ラムの20年の議論の中で、私たちの議論の何がそれまでの議論と違うのかなって考えたときに、一番違うのは「読む人のことを考える」という点なんだと思います。自分たちが作った訳文を読んでくれる人たちがいるというような、「原文の書き手」と「翻訳者」と「訳文の読み手」という三角形の中で物事を考えてきたと思います（図1）。その中で翻訳者というのは、原文にとっては読み手であり、訳文にとっては書き手になる、そういう両方の仕事をいっぺんにやっています。そこが難しいんですよね。大変な作業で、どれだけ大変かと言うと、まあ、私たちが何も言わなくても、皆さんがわかっていらっしゃるというところで、本当に大変な作業であるわけです。

私たちが何を目指しているかというと、原文を原文の言語で読んだ人が頭の中に描くイメージと、訳文を訳文の言語で読んだ人が描くイメージとをできるだけ重ね合わせようということです（図2）。訳文はもちろん読みやすくないといけないけれども、最低限の条件として、この部分がきちっと重なることを目指そうという議論をしてきたと思います。この図を見ると、皆さんの頭の中をいろんなことが駆け巡るようで、先ほどから話をしてきている中で皆さんの共感を一番得られたのが「大変な仕事してるんだよね」という部分み

たいです（笑）。皆さんの目がくりくりっと動くのがこちらからも見えました。

　で、今日の話に入りますね。手始めに、「伝わる訳文」というところから考えようと思います。原文の読者にはちゃんと伝わっていて受け入れられているような良い原文だったのに、どうして訳文になったとたんに「あれれ」という状況になってしまうかというケースを頭に置きながら、その点について考えてみます。（図3）

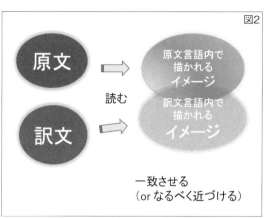

井口： ご存知の方も多いかもしれませんが、私は産業系の翻訳とともに書籍の翻訳もやっています。書籍をやっていると、読んだ方たちがアマゾンやなんかにいろいろ書くんです。まあ、いろいろあるんですが、概していい評価をいただいています。「翻訳書って読みにくかったりするんだけど、これは読みやすい。すらすら読めます」というようなことを書いてくださった方が結構いるのです。訳書が出た頃は、正直、嬉しく思いました。ですけど、最近それを見るたびに、とても複雑な気持ちになります。

　私が訳している本はだいたい一般向けの本なんです。ビジネス系で、一般向けの読み物に近いものだったり、ちょっと教科書的なも

のだったりいろいろあるんですが、基本は専門家向けじゃなくて広く一般の人たちに向けて書かれている。当然、原著の英語版は教養のある人だったら広く誰でも読める。そういうふうにきちんと書かれているわけです。力のある人が書いていて、力のある編集者が見て出版されている。それを訳したら、同じように、普通に教養のある日本人だったらみんなが普通に読めるようなものになっていなきゃおかしいんですよね。それが改めて「すらすら読めます」という評価を受けるというのは、逆に言えば、どれだけ読めない翻訳書が多いのかという話だと思うんです。

高橋： 読めない翻訳書を出している私としてはとても複雑な気持ちなんですけれども（笑）。専門書だと、書評で「読めない」って書かれたりするわけです。でも、元が難しいんだから訳したって難しいに決まっているんですよ。

井口： 読みやすいとかわかりやすいとかいう評価をよくされるんですけど、それっていろんなものがごっちゃになっているんですよね。翻訳されたものが日本語になっているから、日本語として自然か不自然かというのがまずあるわけです。不自然なものは読みにくいし、自然なものは基本的に読みやすい。これがわかりやすい、わかりにくいに対応しているんですけど、それ以外に内容の問題があって、内容が難しければ訳文も難しいだろうと思うんですね。それから、内容が誰にでもわかるようなものであれば、すらすら読めるのが基本でしょう。そういうふうに、内容によって読みやすいものと読みにくいものが当然ある。

だから翻訳の場合、言語として自然に仕上がっているというのは最低条件でしょう。そのうえで、さらさらっとわかるような内容であればさらさらっとわかるはずだし、内容が難しければ、言語が自然で、言語のレベルではわかるけど内容の理解に苦労があるという、そういう世界であるのじゃないかなと、最近思っています。

高橋： そういうことも含めて今日はいろいろ考えていきたいと思います。原文で想定読者に対して伝わっていたものが訳文では伝わらなくなっているとすれば、どこに原因があるのか。それは翻訳というプロセスに原因があるのだろうということだと思います。（図4）

図4
翻訳というプロセスに原因

[典型例]
- 字づら訳、たてよこ訳、機械翻訳みたいな訳
  ⇒単語単位
- ぶちぶち訳
  ⇒単文単位

なんで、こんなことに……

井口： まあ、それしかないですね。

高橋： 皆さんおなじみのダメダメの例をこちらに2つ挙げました。1つは、「字づら」で訳しているもの。あるいは同じことを「たてよこ」や「よこたて」とも言いますが、最近だと「機械翻訳みたいな訳」という言い方もあるかもしれません。これはどちらかと言うと単語単位の置き換えみたいな話だと思います。それから「ぶちぶち訳」。1文単位で訳していて、察するに、頭の中には1文しかない。1文だけを読んで考えて日本語にして、終わったら次の文に行きます、というようなことをやっているもの。それを私たちは「ぶちぶち訳」と言っています。

井口： 今、高橋さんが「ぶちぶち訳」と言っているのは、文1つを対応させてみるとそれなりに訳されているように見えるんですね。だから1文1文はそれなりに訳されているんだけど、まとめて段落ひとつ、章ひとつ、本1冊を読もうとすると、大変なことになる。何を言っているんだかよくわからない。

高橋： 何でこういうことになってしまうのだろうということを、きちんと考えていきたいと思います。まあ、ぶちぶち訳

図5
原文から読みとるべきことを読み取れていない

- 字づら訳　ほとんど何も読みとっていない
- ぶちぶち訳　文と文のつながり、すきまなどを読みとっていない

レッスン6・翻訳フォーラム「バトルトーク」紙上再現

はダメという限りでは、答えは出ちゃっているので、そこで終わってもいいんですけど、そういうわけにもいかないので（笑）。実はね、これで終わるんだったら話は簡単だし始まらないんだけど、何でぶちぶち訳になるかということについては、たぶん、この部屋にいる人たちでも半分は普段あまり話題にしたことがないかもしれません。字づら訳の方はわかりやすいですよね。こちらはほとんど何も考えていなくて何も読み取っていないからこうなる。訳語を並べ換えただけのものです。

でもって、「単文単位」でのぶちぶち訳の方ですが、こちらは、「文と文のつながり」や「すきま」というか、原文にはいろんな情報が隠れて入っているんだけど、それをちゃんと読み取っていないからこそぶちぶち訳になってしまうんだろうと思うわけです。（図5）

井口： よく「行間を読め」って言いますよね。別に翻訳のときだけじゃなくて、日本語で本を読んでいるときでも、行間を読まなきゃいけないという話はあります。結局、行間にいろいろ出てきているわけですよ。一個一個の言葉だけを見ているとなかなか見えないんだけど、全体を見ると、はっきりとは書かれていなくても、いろんなことが出てくる。そういった行間は必ずあるわけなので、言葉だけを見ていたのではなかなかというところもある。人間だったらやることは一緒だと思うんで、行間は英語にも日本語にも、また、他の言語にも当然ある。そういったものをちゃんと読み取って考えないといかんのだろうなあ、と。また、それを表現していかないといかんのだろうなあと思います。

高橋： 「行間」というのはとてもわかりやすい言葉ですけれども、もうひとつ、普段使う言葉で言うと、文章の構成ですよね。始まりがあって、終わりがあって、どういう感じで何をどう伝えようかといろいろ考えて、書き手は書いているわけです。私たちは細かい行間だけではなくて、一歩引いた時に全体がどう見えるのかなと

か、いろんなことを考えながら文章を読んでいるわけで、そういうことを普段はちゃんと読み取っているんだと思います。この職業に就かれる方はだいたい、すごくたくさん本を読んでいるのに、普段できていることが翻訳になるとできなくなっちゃうんですね。

どういうふうにその部分をお伝えしようかといろいろ議論をしたんですけれども、「行間」というのはあまりに情緒的な表現で、ずばりどういうことなのかというと、こういうことなんじゃないかと。（図6）

「書き手の頭の中」、あるいは書き手の「頭の中の流れ」がちゃんと見える訳文を作らなきゃいけない。その前にまず、原文からそういうものを読み取らないと翻訳が始まらないんじゃない

図6 では、読みとるべきものとは何か

書き手の頭の中
あるいは
頭の中の流れ

のかという、そこの部分だと思います。頭の中の流れというのは、もし頭の中が見えたとすると、それがどういうふうに刻々と変わっていくのかというのと同じことです。

普段、こういうことを意識なさいますか？　こんなのは朝飯前でいつもやっているよという方が多いともちろんいいんですけれども。私たちはどうしても字を見ながら訳してしまうんですよ。で、単語がわからなかったりすると、特に文章が難しかったりすると、辞書を引き始めてだんだんだんだん字の中に沈んでいくんです。だけど本当は、翻訳者は沈んじゃいけなくて、字の1メートル上、2メートル上から、その本が本棚に並んでいる様子みたいなところからいつも見ていなきゃいけない。そうすると、「書き手の頭の中」とか、書き手の「頭の中の流れ」みたいなことも見えるはずなんだけれど、これが字の間に沈んじゃうものだから見えにくくなっている。たぶん、日本語で日本語の本を読んでいるときには、皆さん見えている

と思うんですね。

　私たちの仕事の話で言うと、原文は基本的に、英語だったら英語のネイティブが書いていて、日本語だったら日本語のネイティブが書いている。ということは、普段しゃべるような調子で頭の中をストレートに文章に落としているので、できあがる文章も自然なものなのだと思います。そういう自然な文章というのは、基本的に、行間を読めるような文章になっている。で、行間を読むというのは何のことかというと、書いている人の頭の中を読んでいることでしょ？　実は言い換えてみただけなんです。ただ、そういう話ってあまり耳にしないですよね。行間を読むというのではなくて、書き手の考えなりなんなりを、きちっと流れとしてわかるように訳すと表現したほうが、翻訳のプロセスの中で何を具体的に目標として作業すればいいかというところでは、たぶんわかりやすいだろうなあと思います。(図7)

　これは逆もあって、「書き手の頭の中が見える訳」と言っても、わからない人もいるでしょう？　そういうときに、「行間を読むことが可能な文章を作る」と言うと、たぶんわかりやすいんですよね。

　先ほどから原文の話と自分たちの作る訳文の話とあちこち飛んでいますけど、どちらにしても、自然な文章を作る、ちゃんと流れが見える、ストンと腑に落ちる文章を作るといったところでは、「行間」とか、「書き手の頭の中」というのは、キーワードとして覚えておいて損はないことだと思います。

```
図7
原文は、書き手の頭の中が見える

原文（ふつうに書かれた文章）は、
「行間を読む」ことができる

少なくとも、訳文もそうでなくてはならない

行間を読むことが可能な文章

字づら訳、ぶちぶち訳は論外
```

井口：　書き手は原文でそういうことを全部考えつつ書くわけですよね。だから我々はそれをトレースするような形で訳文側を書い

ていくことになるはずなんだけれども、こういう話をすると必ず出てくるのが、「いや、でも、書き手の頭の中がどうなっているかって想像ですよね」、と。

　書き手が、私はこういうふうに考えてこうしたんですよって、場合によっては聞けば説明してくれますが、基本的に全部説明してくれることはまずないわけで、翻訳者はそれを想像しつつやらざるを得ない。でもそう言うと、「想像でやるということは、翻訳者のいわゆる『勝手訳』にならないの？　その想像が違っていたらどうするの？　原文は違うことを言っているのに、想像が違っていたら翻訳者が勝手なことを書いているだけでしょ」って返されます。それぐらいだったら書かれているとおりに訳したほうがいいんじゃないの、みたいな話が必ず出てくるものですよね。

高橋：　産業翻訳で言うと、クライアントに文句を言われるというのはすごく怖いわけですね。なので、放っておくと、どんどんどんどん字づら訳のほうに行ってしまう。

井口：　字づら訳だと、「ここにこういう単語があって、この単語の意味は辞書にこう書いてありますから」って言うと、相手も反論しにくい。まあ、楽と言えば楽なんですよね、それは。

高橋：　だけど、私たちが何のために翻訳しているかっていうと、使うための文章を作っているんですよね。たとえば説明書があったとして、それを読んですすすーっと頭の中に入ってくるような文章でなければ何のために訳されたのかわからない。キーワードのインデックスを作るための、ここにこれが書いてあるということを見せるために訳しているのではなくて、訳した文章でわかってほしいわけです。

　私の場合は特許が生業ですが、自分が訳した文章を使って向こうで、たとえば日英だったらアメリカの特許庁との間で自分がこしらえた訳文をもとに、関係者の間で相撲が始まるわけですよね。その

相撲で使う土俵を私たちは作っているんです。この土俵に、日本語の一語一語が透けて見えるかどうかなんて、英語で相撲をとる人にとってみればどうでもいいわけです。どれだけくっきりしたイメージが描けているのか、しかも原文と同じイメージが描かれているのかが土俵として使えるための条件でしょう。使う文章というのはそういうもののはずなんですけど、使われる現場を見ていない翻訳者にとってそこのところはなかなかわかりづらいのだと思います。

井口： 我々が翻訳するものって、もともとの文章は誰かが何かを伝えようとして作った文章ですよね。それがなかったら文章を作る必要がないわけです。何かを伝えようとして、それがなるべくよく伝わるように、そういうつもりで作られた文章である、と。それを翻訳しようということは、翻訳した言語でないとなかなか読めない人たちに同じことを伝えようという意図が誰かにあったから、これを翻訳してくださいという話が発注されて回ってくるわけなんで、原文を読んだときのイメージとほぼ一緒、理想は完全に一致するようなイメージが訳文側でも描ける、そういう訳文を本来は書かないといけないはずなんですね。

高橋： 次の話に行く前に釘刺し的なことを言うと、読みやすさのためにもともとの内容とかロジックとかそういうものを壊してしまったら、翻訳の要件を基本的に満たさなくなってしまうので、こらへんが非常に難しいところなんだと思います。

井口： さっきも私がちょっと言った、読みやすい・わかりやすいには二重の意味があって、言語として不自然なものは我々の仕事として全部消さなきゃいけない。日本語でも同じようなことをみんな議論できるわけだから、自然な日本語でちゃんと表現できるはずなんですね。だから自然な言葉で訳文は書かれていなければいけない。それとは別の次元の話として、内容的に難しいものであれば最終的に難しい文章が出来上がって当たり前。そこを、たとえば大人

向けのものを使って子ども向けの本を作るような特殊な例は横に置いておいて、普通にやる場合だと、難しいものは難しいものになるし、易しい内容のものは易しい内容のものになる。言語的には自然な言語で書く。そちらでないといけないんだと思います。

高橋： 先ほどから書き手の頭の中というような話をずっとしていて、わかったようなわからなかったような話だと思うんですけれども、書き手の頭の中というのはもう少し分解してみないと翻訳の技術まで下りてこないんだと思います。本当はもっと分解しなければいけないんだけど、最初の分解というのはここだろうと。（図8）

私たちは、書き手がどうやって伝えようか悩みながら書いたものを訳すんだと思います。だから書いているときに考えている事柄は私たちがしっかり受け止めなければいけない。まず、書き手の頭の中を読み取るとは

```
図8
「書き手の頭の中」とは

・伝えたい内容
・どう伝えるか
       文章を書くときには必ず
       考えているはずのことがら

だったら、原文の中にそれらを読みとらなくっちゃ
```

何かと言われたときに、書かれている内容の部分と、どうやって伝えるのかという書き手の工夫、そのためにどう書いたのかという部分をきちんと読み取ってあげる、この2点は出てこなきゃいけない。

で、内容を読み取りましょうとか、描かれている情景を頭に描きましょうとかいうのは昔から言われてきたことで、誰でも一生懸命やっているんだと思います。けれども、どういうふうに伝えるかというところをどう読み取るかというのは、実は議論のすごく足りていない部分だと思うんです。今風にこれをどう言えばいいのかなあって考えたんですけど、私はこうやってしゃべるのがすごく苦手で、井口さんはすごく得意なんですが、これはプレゼンテーションっていうやつなんですね。で、文章も一緒なんですよ。文章の中で、実は同じことをやっています。プレゼンの話をするとみんなどれだ

けプレゼンの本が本屋にあって、どれだけみんな買って読んでいるかという……

井口： プレゼンの本を1冊訳していますけど、売れています（笑）。ものすごく売れています（笑）。

高橋： プレゼンの本はすごく売れるわけですよ。ですが、活字の文章がどうプレゼンされているのかというレトリックの部分も、きちんと読み取らないといけないんです。そんなことをいちいち言わなくても昔の人はやっていたと思うんですけど、今は逆に、プレゼンの本が流行るようになればなるほど、活字にはそういうものが欠けているっていうふうに思われがちなんじゃないでしょうか。活字は内容だけで、プレゼンの要素がないと思っている若い人がすごく多いです。

井口： 仕事は翻訳関係が主ですけど、記事を書くこともあります。記事を書くときって、内容とテーマを考えて、関連する材料をそろえて、それをうまくつなげて、という具合に書いていきます。わりとさーっと書いて、あとは細かく手直しをしておしまいというケースが多いんですが、一度、書き上げて読み直してみると、なんか力がなくてボケてて、材料は悪くないしテーマにも合っているし言いたいことはこれでいいはずなのに、焦点がボケてどうにもならないというのがありました。そこで、何を一番言いたいのかのポイントと、それに追加のものというふうに優先順位などを改めて考え直して、その目で文章を読み直してみると、ところどころ、パラパラパラと何か所か書き直した程度で、全体の印象がガラリ変わったという経験があります。書き直しの前と後で、伝えたい内容は変わっていないんですよ。それをどう伝えるかという力点の置き方が少しだけ変わって、ちょっと強調する部分とちょっと控え目にする部分と、つなぎ方と、ちょろちょろとあちこち変えただけで、全然別物に感じるくらいに変わりました。伝えたい内容と、それをどう伝え

ていくか、それによって伝わるか伝わらないかということが文章で大きく変わってくるんだなと実感したわけです。

高橋：　こういう話をするとたぶん間違って伝わっているんだと思うんですね。これからちゃんと説明しますが、まず、今の話をしたときに翻訳に不慣れな方が思い描くのは、最初にどのネタを振ろうかとか、どれをオチにしようかとか、眠くならないためにどういう工夫をしようかとか、そういうレベルの話としてたぶん聞こえるんだと思うんですが、そういうところは変えちゃいけないんですよ。

　たとえば、原文で、ある話をしているときに、書き手がきっとこれじゃわからないだろうなと思って言い換えて、同じことをすっと別の言い方で表現してみたりするわけじゃないですか。そういうときって、1回目よりも2回目のほうが具体的でカラフルな表現になっていたりしますよね。そのときに漫然と単語だけを拾って訳していたら本当にボケボケの訳文になっちゃうと思いませんか。「あ、この人は、ここを詳しくしてわかりやすいように、読んだ人の頭の中に具体的なイメージが描けるように言葉を足しているんだな」というのを読み取ってあげなきゃいけないわけです。そうやって読み取ったら、出来上がる訳文って全然違いますよね。

　そういうことは、すごく細かいことだったりするわけです。他にも、プレゼンなら、ささやくような声で言っているのか、大きな声で言っているのか、そういう声の変化みたいなものもありますよね。そういう変化を活字の文章にも読まなきゃいけない。これが実は、文法の話だったりするわけです。文法として習ってきたことが、実はプレゼンの話だったりする場合もある。非常に細かい話の中で私たちはすごく難しいことをやっているんだと思いますけれども、ともかく、いろんなことを原文の中にきちんと読み取らないといけないんだろうなあというふうに思います。

高橋：　ちょっと図式化してみました（次ページ図9参照）。原

レッスン6・翻訳フォーラム「バトルトーク」紙上再現

文がありますよ、と。これは原文と言っても字づらじゃないよという意味で「原文=構成」というふうに書きました。

ある長さの文章があったとしますね。一方には何を

図9
「何を伝えるか」と「どう伝えるか」

何を伝えるか / どう伝えるか
原文=構成
内容 / レトリック
ロジックetc. / プレゼン
伝え方etc.

「原文は翻訳指示書」

伝えるかというロジックや内容があります。もう一方には、どう伝えるかというところでのいろいろな工夫があります。これはいろんな言い方されてきました。古典的にはレトリックと言って、16〜17世紀からずっと議論されてきたことでもあるし、今風に言ったらプレゼンがわかりやすいだろうなと思います。伝え方という、日本語の古典的な議論もあります。

この図では原文がほんの5、6語のような短い文章であっても、必ず両方の側面があるはずなんだということで、とりあえず、「原文は翻訳指示書」という言い方を考えてみたわけです。

で、「何を伝えるか」と「どう伝えるか」というのは文章の基本ですけれども、この「何をどう伝えるか」という部分を意識的に読み取れないと、とてもまずいことになります。翻訳者で、原文を読むことが大事じゃ

図10
「何を伝えるか」と「どう伝えるか」

・「何を伝えるか」部分を意識的に読みとれないと、こんなことに……これはまずい。

原文をどう読むかは大事。
でも、それをどう伝えるのかは
翻訳者のからすの勝手でしょ。

原文は翻訳指示書！

ないと言う人はいませんよね。ちゃんと内容を読みましたよと言うんだけれども、それをどう伝えるかというところを、図10では「翻

訳者のからすの勝手でしょ」と書きましたが、そういうふうなことをすると、とてもまずいだろうなと思います。

　原文は、ここはこう伝えようという部分を持っていて、原文の言語の人はそれをちゃんと読み取って読んでいるし、私たち日本語ネイティブも同じことで、日本語で書かれた文のときは、そういうことも読み取って読んでいるんですね。だから訳すときにも同じことをしようよっていう、そういう話です。

　井口：　原文を書いた人がいろいろ工夫をしている部分をちゃんと読み取って、それは訳文に反映しなきゃいけない。それはそうですね。ただ、原文を書いた人が何も考えず、なんとなく書いちゃったところもあったりするわけですよ。そこは、何も考えず適当に書いたところなのか、ちゃんと工夫して書いたところなのか、そのへんを判断するのも我々の仕事なんだろうなあと思います。

　出版翻訳で青木薫さんという翻訳者の方がおられて、彼女が昔言っていたのは、「『著者はどこで段落を切るかに命をかけているんだから、勝手に段落を変えちゃいけない』と言う人がいるけどさ、段落を切る位置に命かけているのかどうかを判断するのも私たちの仕事でしょ」って言っていたんですよ。表現のレベルも含めて、本当に考えてやっているところなのか、なんとなく適当に書いたところなのか、そのあたりも考えつつやるんだろうと思います。

　高橋：　ちょっとまとめながら話をしますと、「ストンと腑に落ちる」という言い方をしますよね。頭ではなくて体でわかるって非常に情緒的な表現かもしれませんけれども、「行間を読む」とか「ストンと腑に落ちる」とか、お前らそんなことばっかり何言ってるんだとお叱りを受け

図11
ちなみに……
「ストンと腑に落ちる文章」

書き手の頭の中が見える文章
書き手の頭の中の流れを追える文章

訳文は、
こうなっていないことが多い
（人工物としての訳文）

そうですけど、やっぱり読んだときに体全体にしみわたっていくようなことって大事だと思うんです。そのためには何が必要かっていうことを私たちはいつも考えてなきゃいけないし、書き手の頭の中が見える文章、あるいは書き手の頭の中の流れを追える文章でないといけないわけです（図11）。ここにおられる皆さんは、日本語の文章だったらきちんとお書きになれる方が大半だろうと思います。

井口： 最初から自分で何か書くっていうことですね。

高橋： そうですね。それが訳文になると変になるっていうのは、それだけ私たちは複雑な作業をしていて、その結果、原文で普通に書いたらこうはならないというような文章を訳文だと書いてしまったりする。「人工物としての訳文」という形で書きましたが、それが原因だと思うんです。

ここからが問題なんですが、これを自然に見せようと思って、出来上がった文章だけを見ながらぐしゃぐしゃっと自然な形に直してしまったり、あるいは、最初からこっちのほうが通りがいいからこういう形で書いておこうというふうにすると、「勝手訳」になってしまうんですよね。自然な文を訳文として書くというのは、これは実は大変な練習と努力が必要なことなのだと思います。でも必ず、続けていけばできるようになると思うわけです。

井口： 書き手の頭の中の流れが追えるような、いろんな考えがだーっと流れていくのがそのまま追っていけるような文章にしなきゃいけないんですけど、言語によって単語の出てくる順番が全然違ったりするんですよね。日本語が若干マイナー系なので、英語やなんかとだいぶ違うというのがまた大きいのかもしれないんですけど、日本語の特性として、英語で後ろに出てくるものを前に出さないとどうしようもないとか、順番が変わってしまうケースが結構ある。でもそれは、訳文側の言語で自然にしないといけないから、そちらの制約はどうしてもかかる。その時に、順番がどんどん変わら

ざるを得なくて、変わった結果、何も考えないでバラバラっと入れ替えだけしちゃうと、思考の流れが追えなくなる、あるいは追いにくくなるというケースが結構出てきます。なので、言語の特性の違いはそれぞれに従いつつ、じゃあその中でどういうふうに流れが追えるように調整していくのかというところが難しいんじゃないでしょうか。

　さっきの、日本語で書いたら自然に書けるのに、訳文だと書けなくなったり変な文章書いちゃったりするというのは、たぶんそのあたりがかなり響いているんじゃないのかな。自分が書いている場合も含めてですけど。

　会場の人A：　僕は日英の翻訳をやっているんですけど、今の井口さんの話で言うと、まともな日本語を書けていない人のほうが多いんですよ。その場合どうしたらいいですか。

　井口：　本当にまともな日本語が書けていないんですか？

　会場の人A：　文章にもよるんですけれども、僕は金融関係の日英翻訳をしているんですが、外部に出す文章として書いているものでも日本語としてなっていないものもあるし、プレゼンテーションの議事録を起こしたものを翻訳してよと来るものもあって、それは当然、考えながら話しているので論理的におかしい部分があるんですけれども、だいたいにおいて変な日本語が非常に多いんですね。ですからこの趣旨とは変わるかもしれないけれども、書き手の頭の中が見えない文章を訳す場合というのもあるので、英日をやっている方はそれはどうなのかなって僕は非常に興味があるところなんです。

　高橋：　その話はたぶん2つの話が混ざっていますね。私は技術系なんですけど、「技術者の書いた文章って本当にひどくてめちゃくちゃ」っていう愚痴をある人にしたら、「いやあ、それは別に悪い文章じゃない」と返されて、なぜかというと技術者同士はそれでわかるんだからと言われました。英語にしようとか、そういう余分

なことを考えるから話がおかしくなるわけで、プレゼンだってなんだって、元に身振りや手振りがあって、そこで話しているときには何とかものを伝えているわけでしょ。だからこそ翻訳が必要っていう話も出てくるわけで、それをダメな文と言ってしまうのか、楽屋落ちの文と呼ぶのか、それは結構大きな違いです。ダメな文と言ったら話は終わってしまいます。でも、その場限りでは通じていた文章というふうに考えると、それがどんな場だっただろうかというところに頭が回るので、しょうがない、これを書き言葉で通じさせるためにはリライトが必要だなっていう話になります。

　私たちがダメな文だと思ってもね——絶対思うんですけど、バカやろうとか、くしゃくしゃポイとか、いろいろ（笑）——そこで表向きはダメな文と言わず、そういうのが来ちゃったらしょうがない、これは現場の文だなっていう風に考えて、リライトというプロセスを入れるんだと思いますよ。

　井口：　最初のほうでも出ましたけど、翻訳する元の文章っていうのは誰かが何かを誰かに伝えようとして作った文章ですよね。書いた人が「この人に伝えたい」と思って書いているわけです。その相手に伝わらない文章だったらそれは原文が悪いんですよ。だけど書き手がいて対象読者がいて、文章が出来上がっていて、書き手が伝えようと思ったことを対象読者が読んで受け取れるんだったら、その文章はちゃんとしているんですよ。それを第三者である我々翻訳者が読んだときに理解できるかできないかは別問題です。

　だけど我々はこれを理解して、日本語側のリライトと、日英であれば英語側の対象読者に内容が伝わるようなものを書かなきゃいけないので、理解できないのは困るんですが、対象読者と我々翻訳者とでは、知識とかいろんな意味でズレがあるんですよね。そういったもののズレによって、向こうには理解できても我々には理解できないっていうケースは往々にしてあって、これは理解できるように

努力していかなきゃならないことなんです。

　現実問題として、特に日英のケースで、日本語の文章にできの悪いのが多いとか論理的じゃないとかよく言われるんですけど、本当に日本語がそんなにボロボロなのであれば、日本経済はたちゆかないはずです（笑）。経済もこれだけちゃんと動いているんですから、ちゃんと伝わっているんですよ。

会場の人A：　僕の金融のほうはね、決算書とかは数字が出ているんで、そういう意味では多少文章の意味が通らなくてもわかるというのはあります。だけど、書き手の頭の中が見えるという純然たる文章について考えると、非常に難しい。

井口：　一般の人にはわからないような文章を書いているということは、それは何か特殊な人たち向けに書いているという話じゃないですか？

会場の人A：　僕がやっているのは金融ですから、基本的に投資関係、外国人投資家向けの文章という捉え方なんですね。だけども、それが外人さんに通じるロジックで書いているのかっていう点も少しあるし……。

井口：　翻訳の原稿というのは、日本語として日本人の投資家向けではなく、外国人投資家向けの英訳の原稿を日本語で書いているんですか？

会場の人A：　じゃなくて日本人向けですね、基本的に。私も一応、金融機関に勤めていて、20数年間証券会社にいて、その人間がわからない文章というものがいっぱい書かれているんです。

高橋：　日本人の投資家もその文章を読んでわからないっていう話ですよね。

会場の人A：　そうです。

高橋：　それは出来が悪い文章なんじゃないですか？（笑）

会場の人A：　結局その文章があってもなくても数字を見ればわ

かるという話なんですけど。それで終わりになる場合があるんですけど、ただ、そういう文章をやっていることもあるということです。

高橋： それはもう、リライトという別の仕事をもうひとつかませるというケースで、それってたぶん狭い意味での翻訳の問題じゃないんですよね。翻訳者の問題ではあるんだけど、日本語から英語に行く前の段階で書き換えないとどうしようもない。やっぱりそれは書き換えのプロセスがもうひとつ準備工程として入るものだと思います。

井口： テープ起こしした原稿だと日本語がめちゃくちゃという話がありますが、英語でもあるんですよね。英語でもやっぱり、だーっとしゃべったものをテープ起こしした原稿が来ると、文法めちゃくちゃ、文章終わってない、破たんした文章ばっかり並んでいる。でもその中で、しゃべっている人は何を考えているのかっていうのは、読み取ろうとすれば読み取れるわけです。それを読み取れれば訳は作れるわけです。

日英でも同じだと思うんですよね。テープ起こししたものを日本語として聞いていれば、なんとなくこういうことが言いたいのねっていうのは流れとしてわかるわけじゃないですか。ただ、言葉としてはいろいろおかしなところがいっぱいある。テープ起こししている段階で一字一句起こしているかどうかという問題もあるんですよね。テープ起こしも下手な人だと「あー、えー」まで含めて一字一句起こしたりします。だけど、毛羽取りして、いらない単語は省き、ちょっと変なところは趣旨を変えないようにしながら意味が通るように自然な日本語に近づけるというような形でやっていたりもします。で、訳す時も同じことをやるわけですよね。ぐちゃぐちゃであれば少し毛羽取りをして、自然にしてあげる。その程度の仕事っていうのは、我々の仕事の範囲内だろうなあと思うんですけどね。

高橋： 逆に言うと、それができるのは書き手の頭の中を見てい

るからリライトができるわけですよね。

井口：　字づらでやったら全部書くしかないですよね。

高橋：　そこで失敗してしまったら目も当てられないことになるわけだし、逆にそういうケースこそイヤで面倒くさいんだけど、書き手の頭の中を丁寧に読み取らなきゃいけない。そういう面では、逆にそちらのほうが制約がきついかもしれませんね。

会場の人Ｂ：　今のですけどね、クライアントが何を求めているのか、それもポイントじゃないかと思うんです。毛羽取りするとかしないとか、原文が悪いとか。じゃあ、これはこのレベルでお願いしますというところで折り合いがつけば、すべてがすべて翻訳者の責任じゃないと思うんですけどね。

高橋：　それは仕事の選び方ということで、クライアントがと言う前に、私たちがどういう仕事を選ぶかということなのかもしれません。私としては、少々ダメな文章でもいいんですけど、書き手の頭の中が見える条件で仕事をしたいと思っています。たとえば映像の仕事もまったくしないわけではないんですが、その時に、書き起こしたものだけじゃなくて、一緒にしゃべったときのビデオももらえると条件が全然違うわけじゃないですか。頭の中が見えたりするわけですよね。

会場の人Ｂ：　妥協点をどこに求めるかですよね。

井口：　そうですね、お客さんによって求めるものが違うというのはあるわけで、お金を払ってくれる人が一番強いけど、あとはもう、我々としては仕事をやるかやらないか選ぶしかないでしょう。やらないという選択肢はいつでもあって、そうやって選んでいけばいいのかなあっていう話なんだと思います。

　パワーポイントでやったプレゼンテーションの翻訳を私はよくやるんですけど、一時期よく来てたのが、パワポのノート部分に、それを使ってプレゼンをした人のしゃべったことが書いてあるんで

よ。で、これも訳してくれと。これを教材として別言語に移して、他言語で社内教育か何かに使いたいということらしいんです。それはいいんですが、一度ひどいのがあって、ノートに書いてあるのが「ここがね、こうでね」、みたいなことばかりなんです（笑）。数字とかが書いてあれば、その数字をもとに「あ、ここのことを言っているんだ」ってわかるんだけど、「ここがね、こうでね」と言われても、その場にいない状態だから頭の中を見ようがない。そんなことがありましたね。

高橋： 私たちは今、書き手の頭の中を考えるといいとかいうふうに言っていますけど、これは実は古典的な話でもあって、「書き手と対話しながら訳す」という言い方は、昔からよくしてきたと思います。言ったりしますよね。もう少しそれをわかりやすい形で言うと、内容だけではなくてプレゼンの部分がどういうふうに原稿に出ているかとか、そのあたりかなあと思うわけです。

私たちは実はすごく複雑なことをやっているわけです。書き手の頭の中と一言で言っても、まず原文をきちんと読み取るというのはもちろん大事なんだけれども、読み取った事柄が増えれば増えるほど大変になってくるわけです。そうなってきたときに、いろんな事柄のバランスを取っていかないと、ますます焦点ボケしてわけがわからなくなってしまいます。自分が作った文章を少し離れて見るようなバランス感覚はとても大事で、そこのバランスを取るためには、スキルを細かく切り分けながら整理して身につけていかないといけないんだろうと思います。熟練した翻訳者というのは、そういうふうにしていろんなことを身につけてきた翻訳者ということなんだろうなと思います。(図12)

井口： 原文は原文で、原文の言語の制約を受けているわけですよね。言語の形というか、それぞれ決まっているわけなので、そこから外れられない、不自然になっちゃう。だから自然な形で書くた

めにはこういう書き方をせざるを得ないみたいな、いろんな制約が当然ある。で、訳文は訳文側で、それとはまた別個のセットの制約がある。それぞれの制約に合わせなきゃいけないわけだから、どうしてもそこにズレができるんですよね。元の言語の通りに全部やろうとしたら、原文で読んでくださいとしか言いようがなくなっちゃうんで、言語を変えるという時点で、ズレが生じる。何でもかんでもズレるというわけではなくて、イメージはズレないほうがいい。そのあたりを、どこはどのくらいずらして、どこはどのくらい揃えてというバランスだと思うんですよね。

よく、意訳がいいとか直訳がいいとかいう言われ方をされますが、そういうふうに簡単に言えちゃうものではない。100か0かじゃなくて、55なのか、47なのか、33なのか、いろんなバランスの位置があって、部分部分で見ると結構90くらいまでいっちゃうのがあったり、今度は別のところで10くらいのものがあったりで、全体を通して見るといい位置にバランスがくるみたいな。部分部分だけを細かく見たら、大きくどちらかにズレている部分がどうしても出てきてしまうはずなので、そういったものを、全体のバランスと部分のバランスと、いろんなことを考えつつやっていかなきゃいけないんだろうなっていうのは、これは私がいつも思っていることです。

会場の人C： スライドのほうで「バランスをとることが大事」と、「整理されたかたちで身につけていかないといけない」とあって、そこはわかるんですけれども、物事を整理して身につけることは、どのようにしてそういう力を身につけたか、その勉強の仕方が大切で、応用力になると思うんです。バランスを取ることとか、前提知識を身につ

図12
「書き手の頭の中」といっても……

・いろんなことがらが関与しており、それらの**バランス**が大事
・**バランス**をとるためには、そのいろんなことがらが、整理されたかたちで身についていないといけない。

勉強・練習 ⇒ 自動運転可（整理されたかたちで身につけた状態）

けるとか、そういうのは身につけることができるんですけれども、その知識をうまく活用するというか、目の前の問題に応用していくための地頭を作るにはどうすればいいか、それをお伺いしたいです。

高橋： いろいろあると思うんです。たとえばぶちぶち訳の話を例にとると、それを越えられない人にはこういうことを練習してほしいというようなメニューがあるんだと考えています。たとえば、訳すときに原文1文を、必ず全部2文に分けて訳す。無理でもいいから2文に分けて訳す。それと、そのまま1文で訳したものも作る。それから、もともとの原文が2文のものを、とりあえず何でもいいから2文ずつ、元の流れにもよりますが、切らないで1文にして訳す。そういうようなことを5回くらいやって、みんなで見せ合って講評しあうと、ぶちぶち訳が目に見えて少なくなってきます。どんな事柄にも、こういうメニューがあるんだと思いますね。

あるいは、人が書いた文章を2つに分ける。これはできない人が本当にいます。中身を変えないで文章を切る練習をしていって、最初は1日で3時間くらいかかっちゃうかもしれないけど、それを3回やれば、ぶちぶち訳でなくするためには何を読み取らなければいけないのかというのが見えてくるんです。そういうメニューはたくさんあって、いろんなスキルを細かく分割して練習できます。すでに経験20年の翻訳者でもいろいろ気づけるようなトレーニング、1日に5分やるトレーニング、あるいはグループで1時間やってみるものなど、すごくたくさんあります。そういうトレーニングメニューでちょっとずつ身について伸びることはあるんだなって思っています。

井口： 私も基本的に似たような考えですけどね、応用力をつけるにはやっぱり基礎練習なのかなあっていう。スポーツでもそうですけれども、基礎の練習をしてひとつ一つの技術が身につくと応用も利くようになるんだと思うんです。

自分自身でやってきたものと言うと、「は」と「が」の使い分け

なんかあるじゃないですか。これを仕事の時にずーっと、いかに「は」を減らすか、1年くらいやった記憶があります。極力減らしてみる。ずーっとそこを意識しながら訳文を作った時期があります。たしか2005年だと思います。書籍関係をやり始めて『偶像復活』を訳した年なんですけど、あの年は「は」を極力減らす訳文を作っていた時期です。『偶像復活』はちょっとやりすぎなくらい減らしていたんですけど、1年くらいやっていると、これはやりすぎとかこのくらいまではやれるとか、そういった使い分けの感覚みたいなものが身についた気がします。あとは、読点を極力減らす形で訳文を作ってみるとか、そういうのを半年くらいやっていたことがあります。勉強の時間を別個に取るのがなかなか難しかったりするので、私の場合は基本的に仕事の中でテーマを決めて、3ヵ月から長いときは1年間くらい、そのことには必ず注意をするみたいなことをやってきています。それによって身についたものがいろいろあると思っています。

高橋：　ちょっとだけ補足すると、「は」と「が」はみんな引っかかるところで、私は翻訳フォーラムに来て最初に大ゲンカをしたのが「は」と「が」だったんです（笑）。この際全部整理したるわーって考えて、何をやったかと言うと、「日経サイエンス」のこれはという記事を3本くらい持ってきて、片っ端から「は」と「が」に全部丸を付けた。ここは「は」じゃなきゃいけないものと、ここは「が」じゃなきゃいけないものに全部分類して、それぞれになんでこの文ではここに「は」と「が」が使われているのかというのを、1日くらい歯を食いしばって色鉛筆を持って分類していったら、すーっと見えるようになりました。そういう作業を1回やっておいてから、自分の仕事の中でその点について注意してみると、たぶん今井口さんがおっしゃった3分の1の期間でいけると思います。

井口：　そうかもしれません（笑）。

会場の人D： 今補足していただいたところで、「は」を少なくするというのは、「が」じゃダメなんですか？「が」を少なくするんじゃなくて「は」を少なくするのはどういうことかと、ちょっとお伺いしたいんですけど。

高橋： 基本的に書いているときっていうのは、自分の頭の中にこれから書くことが何かも入っているんですよ。で、わかっていることは、どうしても「は」で書きたくなっちゃうんですよね、自分の頭の中にはあるから。なので、推敲するときに「は」を減らして「が」にするっていうのは、かなりの皆さんがやっていらっしゃるんだと思います。自分が読み手になってフレッシュな頭で読むと、ここは全然既知の事項でもなんでもなくて、初めて出てくるようなところなのに、なんで「は」を使っているの？というような部分を「が」に直したくなるというのは、たぶん、かなりの皆さんが経験していらっしゃることなのかなあ、と。

井口： あと、「は」が便利なんですよ。「は」っていわゆる格助詞じゃないんで、いろんな格助詞の代わりに使える。「が」の代わりだけじゃなくて、「を」とか「に」とか何の代わりにもなるんですよね。だからどうしてもいっぱい出てくるんです。いっぱい出てくるものは減らさないといけない。「は」じゃなきゃ困る場所っていうのは絶対あるわけで、そこの効果を出すためには、「は」じゃなくていいものは別のものにしておかないといけないわけです。

同じようなものとして「の」がありますよね。「の」も便利なんで、何も考えないと「～の～の～の」でいっぱい使っちゃう。あと、「こと」とか、ついつい回数多く出てきちゃうもの、そういったものを極力減らすと。減らそうとしても減らせない場所ってあるわけで、ここにはどうしても使わなきゃ無理だよねっていうのだけを残すと、それぞれのものの特徴とか役割がきちんと出てくるんです。でも、そうじゃないものまでいっぱい出すと埋もれてしまって、肝心

のことが結局伝わらない。いろいろな部分でそうだと思うんですけど、表現についても同じことが言えると思うので、便利なものほど使わない練習をしてみるというのが必要なんだと思います。

高橋： で、すみません、これが最後です。結局ここに戻るのではないかなというふうに思います。一致させる原文の描かれるイメージと訳文の描かれるイメージ、ここを一致させるためには何が見えていなくては

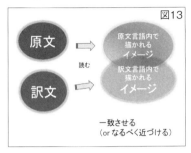

いけないのかっていう議論が今できたのではないかというところですね。（図13）

井口： そうですね。翻訳っていろんな形のものがあるんですけれども、何が大事なのかといえば、ここが大事なんだと思うんですよ。そこからいくと、訳語の統一とか表記の統一とか、そこが大事じゃないとは言わないんだけれども、優先順位は違うんじゃない、と。実はちょっと前にJTFの理事会で訳語の統一についての話が出たことがありました。「統一よりも伝わるかどうかが問題でしょ」と私が言ったら、「統一はしなくていいんですか？」、と。「極端なことを言えばしなくていいですよ、伝わるんだったら。統一していたって伝わらなければ意味ないでしょ」「ええ？！」とかって言われたんですけどね。「そんなこと言っていいんですか？」「いや、いいんですよ」みたいなやりとりがありました。内容が伝わるようにしたうえで、さらによく伝えるという意味では統一をしたほうがいいものは当然あるので、統一すべきものはすべきなんですけど、優先順位としては伝えることのほうが大事です。伝えるためにこれは統一すべきで、ここはすべきじゃないとか……そこで原文と訳文側のイメージが一致するかしないか、そのところで判断すべきもので

あって、必要なものはやるし、必要じゃないものはどうでもいいじゃんという世界なんだと思います。

会場の人E： すみません、今おっしゃったことなんですが、クライアントによってはまず用語の統一を第一にしているところが結構あるんですね。伝わらない以前に、です。私は両方とも大事だと言いたくて、だから用語の統一ですとか、形式とか、それもなにかしらできないといけないと思うんです。

高橋： 専門語とかテクニカルタームの話だと思うんですけど、まず用語の統一というところで言うと、そこは別の議論が必要だと思います。私は特許関係の翻訳が生業なので、基本的には用語の統一などが大事だというのはよくわかるんですけれども、書き手がこだわってその用語を使っている場合と、そうでない場合とがあるじゃないですか。3つのことを別々の用語で使い分けなきゃいけないのに1つの用語で統一している場合とかいろいろあるので、用語の統一というより前に、テクニカルタームとは何かというところからの議論を、また機会があればきちっとしたいと思います。大問題だと思います。

会場の人E： それも大事なんですけど、表記ですね、たとえば漢字とひらがなが混じっているとか、非常にレベルが低い段階での表記と言いますか、そういうことなんですね、私が言いたいのは。今おっしゃったような専門用語となると議論が変わりますんで。

井口： 専門用語はちょっと置いておくとして、訳語の統一という問題と表記の統一という問題が2つありますよね。最初は訳語の統一の問題を言われていたと思うんですけど、訳語については、専門用語じゃないような一般的な用語で、この単語はこう訳せという形で統一するのは、本来は間違いですよ。よく言うような、provideは「提供する」と訳せ、みたいな。それは日本語として不自然になりますよ、不自然な箇所がたとえば4割出てきます、2割、

1割出てきますよというような話はいくらでもあるわけです。それを統一すること自体は、本来、間違いだと思います。お客さんにどうしても統一しろと言われたら、それはしょうがないよね、不自然なところが残るけど、それはもうこっちの知ったこっちゃない、としか言いようがない。あとはそういう仕事をするかしないかという選択になってくるんだと思います。

　表記については、翻訳者としての私の考えとしては、漢字にすべき部分というのは当然あります。ひらがなでやるべき部分というのも、当然あります。間にケースバイケースというのがあります。漢字にすべきところは漢字にしましょうよ、ひらがなじゃなきゃいけないのはひらがなにしましょうよ、間のところのケースバイケースは揃えなくていいんですよ、と私は思います。それをどっちかに揃えようとすると必ずどこかに無理が出てくるからです。それでもお客さんがそういうふうにしろと言うんだったら、まあ、無理が出ても何でもやらざるを得ないから、そこで質が下がるのはしょうがない、目をつぶるしかないですよね。

　書籍なんかの場合ですと、結構揃えろと言う編集さんが多いですね。でも私はかなり散っています。付き合いの長い編集さんだと、もうそのへんを直さない人もいます。ここらへんはもう適当に散っていていいんだと、前後の関係で漢字のほうがいいケースもひらがながいいほうのケースもあって、どっちでもいいんだよというふうにやってしまっているところ……何がなんでもどっちかに揃えてくれっていう編集さんと、好きにしてくださいっていう編集さんと、いたりします。

深井：　ちょっと補足してもいいですか？　先ほどから「お客さんの希望があれば」という話が出てきていますよね。で、皆さんの中には、「そうは言っても、いろいろスタイルガイドがあって、直してないとぶうぶう言われる」と思っている方とか、そんなことし

たら朱字入れられるとか、いろいろ言われてストレスが溜まってる方とか、いっぱいいらっしゃると思います。それと、言い方がすごく変ですけど、このお三方はいいわよね、好きにできてと、絶対に誰か思っていると思うんです（笑）。で、それはどう解決していくか。そのためにはやっぱり実力をつけて、自分がちゃんと根拠を持って、こういう理由でそうしたくないと説明できる、そこに尽きるんですよ。私たちのやっている勉強や研究というのは、すべてそこから来ています。初めに言い忘れましたけど、私と高橋さんに至っては1995年からですから、もう20年一緒に勉強している。井口さんはちょっと後からで、私たちが先にやっていたところへいらして、「フリーになれば〜」と誘って……（笑）

井口：　ああ、そういう話（笑）。まだ会社員だったからね……

深井：　井口さんの人生を変えてしまった私たちと言われているんですけれども、まあそういう経緯があって、20年の間に勉強を重ねてきて、それから辞書とかいろんなものを揃えてきて、根拠をもってお客さんに説明ができるようになってきたから仕事が選べるようになってきたんです。

井口：　根拠をもって説明して、理解してくれるお客さんだったら続ければいいし、それを理解してくれないお客さんだったら離れればいい。

深井：　そうそう。初めのうちはそんな自由が利かないと皆さんは思われるでしょうけれど、大変なことも増えてきますし、状況もだんだん厳しくなっていく一方ですけど、その中でこういう勉強をしたり力をつけていくことでお客さんと対話ができるようになり、お客さんを選べるようになる。そこが私たちの最終目的なんですね。実は今日はそういう会であったということが最終的なまとめになっちゃうんですけど（笑）。私がまとめちゃダメですね。お返しいたします。

高橋： 私の部分のまとめです。翻訳者ってすごいことをやっているんですよ、という話をしたいんです。私たちがいなければ、今みたい

図14

・そもそも、翻訳って、文章を作成してるわけだから、その分だけの責任！があるはず……

・異文化をとりいれる現場で、語彙をつくり、文体をつくり、○○をつくり、○○をつくり
　　　　　　　　　　　　　　……矜恃！

な日本語の文体はできてきていません。高校の文学史で習ったと思いますけれども、二葉亭四迷とか、あるいはもうちょっと前とか、そういうところに始まっているわけです。日本人はいろんなところから知識を吸収していて、誰が吸収してきたかというと、私たち翻訳者が最初は吸収してきたんですよ。で、文体も作ってきた。そういう責任を私たちは持っているんだし、そこはいわゆる矜持というやつで、胸を張れるように何とか仕事環境を整えていきたいというふうに思います。（図14）

井口： 矜持って大事だと思うんですよね。自分の仕事に誇りを持って、その価値を見出してくれる人と仕事をしたいという。自分として不満なものを出し続けるんだったら、自分が満足できるものを出して、それを認めてくれる人を探すっていうのがいいんだと思うんです。ただそれが、独りよがりなものであると、そういうお客さんはいないということになるんですけど、独りよがりではなく、それなりのものであれば、自分の満足がいくような、自分としてこうすべきなんだっていうものを出したときに、それを評価してくれるお客さんというのがどこかにいるはずです。それを探して、それぞれの人がいいお客さんと一緒に仕事ができるようになれたら一番だな、というふうに思っております。

高橋： どうもありがとうございました。

あとがき

　およそ四半世紀前にこの仕事を始めた時、翻訳者の知り合いは一人もいませんでした。プロとの接点は、少し前から通い始めていた翻訳学校の先生くらいで、それも教室でだけのおつきあい。あとは、当時あった「翻訳の世界」という雑誌で、インタビューや誌上講座を読む程度でした。ちなみに、この道にうっかり（！）入り込んだきっかけは、学生時代に同誌の新人コンテストにふらっと応募し、たまたま（！）第何次選考だったかまで残ったこと。雑誌に載った自分の名前を見てちょっといい気になって以来、わたしの心のどこかに翻訳への思いが引っかかっていたようで、大学卒業後に入った会社を体調不良で退職したとき、またやりたいという気持ちが強くなりました。しかしその後、翻訳学校を修了し、付属のエージェントから仕事を貰うようになっても、まわりに同業者はほとんどおらず、自分のやっていることが正しいのか、効率的なのか、十分なのかはまったくわからずにいました。

　そんなとき、ニフティサーブを知りました。いわゆるパソコン通信です。愛用のワープロ専用機OASYSにモデムを取り付け、電話線を差し込んでアクセスすると、メニュー画面に「企業／経済／人物／行政」「占い／教育／就職」などと並んで「科学／技術／翻訳」がありました。「ふーん」と何気なく入っていったのが私の運命を決めた「翻訳フォーラム」。インターネット普及のずっと前、1995年夏の話です。文字だけが並ぶ黒画面の向こうには、何千人もの翻訳者や翻訳学習者がいました。その中のひとりが高橋さきのさん。その後、井口耕二さん、高橋聡さんも加わり、今に続く「戦友」となりました。

　翻訳フォーラムは、いくつもの「会議室」からなり、さまざまなQ&Aや勉強会が行われていました。専門分野別の部屋もあれば、分野横断的にパソコンや辞書の話をする部屋もあり、また悩み相談やオフ会の打ち合わせをする部屋もありました。Q&Aと言っても、今どきの「教えて」や「知恵袋」とはわけが違い、まず自助努力をするのがルール。自分で調べられるところまで調べ、過去ログも必ずさかのぼって読み、自分なりの根拠を添え、「こういうわけでこのように悩んでいるのですが」と尋ねます。尋ねるほうが真剣なら、答えるほうも真剣で、さま

ざまな調べ物をしたうえで、こちらも根拠を添えて「こうではないでしょうか」とレスを付けます。ハンドルネームとはいえ記名ですから、いい加減なことは書けません。皆、大まじめに取り組みました。勉強会も、順番に出題役をして、数人が訳を書き込み、それを互いに批評しあうスタイル。うっかりすると喧嘩になるような場面でも、「訳文への批判と個人への批判を混同しない」という大原則のもと、侃々諤々やりあい、直後のチャットでは和気藹々と無駄口を叩くということが日常的に行われていました。先輩・後輩も利害関係もなく、ただ「翻訳」が好きな人たちが集まる場で、わたしたちは大いに鍛えられたのです。

　今わたしたちは、翻訳学校やセミナー、大学などで話をしたり、原稿を書かせてもらったりする立場になりました。よく「惜しげもなくノウハウを教えてくださって」と言っていただきますが、そんなノウハウも元々は翻訳フォーラムで先達や仲間たちから教えてもらったもの。今度はそれを次の世代に渡し、少しでも翻訳者の地位向上を目指していくのが、今のわたしたちの仕事かなと思っています。

　現在、翻訳フォーラムはウェブ上の掲示板に場を移して活動しています。また、オフ会やセミナー、シンポジウムなどを開催してもいます。この本は、2015年の翻訳フォーラム・シンポジウムを聞きに来た講談社エディトリアルの浦田未央さんが「面白いです！　本にしましょう！」と言ってくださって実現しました。その後、この「個性的な」4人をまとめ、何時間にもわたるマシンガントーク座談会やバトルトークを書き起こして見事な原稿に仕上げ、素晴らしい本にしてくださった浦田さんに著者全員から感謝を捧げます。

　この本を読んで、「翻訳ってやっぱり面白いなあ」と一人でも多くの方に思っていただけたら幸いです。

2016年5月
深井裕美子（a.k.a.「笑う猫」）

（翻訳フォーラムの最新情報はfhonyaku.jpをご覧ください）

講談社パワーイングリッシュ
できる翻訳者になるために
プロフェッショナル4人が本気で教える
翻訳のレッスン

2016年 5月26日　第1刷発行
2021年12月13日　第3刷発行

著　者　　高橋 さきの、深井 裕美子、井口 耕二、高橋 聡

発行者　　鈴木章一

発行所　　株式会社講談社
　　　　　〒112-8001　東京都文京区音羽2-12-21
　　　　　販売　東京 03-5395-3606
　　　　　業務　東京 03-5395-3615

　　　　　　　　　　　　　　　　　　　　KODANSHA

編　集　　株式会社講談社エディトリアル

　　　　　代表　堺 公江
　　　　　〒112-0013　東京都文京区音羽1-17-18 護国寺SIAビル
　　　　　編集部　東京 03-5319-2171

装幀、本文DTP　株式会社イオック

印刷所　　株式会社新藤慶昌堂

製本所　　株式会社国宝社

定価はカバーに表示してあります。
落丁本・乱丁本は購入書店名を明記のうえ、講談社業務あてにお送りください。
送料小社負担にてお取り替えいたします。なお、この本の内容についてのお問い合わせは、講談社エディトリアル宛にお願いいたします。本書のコピー、スキャン、デジタル化等の無断複製は著作権法上での例外を除き禁じられています。本書を代行業者等の第三者に依頼してスキャンやデジタル化することはたとえ個人や家庭内の利用でも著作権法違反です。

© Sakino Takahashi, Yumiko Fukai, Koji Inokuchi, Akira Takahashi 2016
Printed in Japan
ISBN978-4-06-295259-0